STAATSINSTITUT FÜR SCHULQUALITÄT UND
BILDUNGSFORSCHUNG
München

W0191652

Johanna Barbara Sattler

Das linkshändige Kind in der Grundschule

 Auer Verlag GmbH

Erarbeitet im Auftrag des Bayerischen Staatsministeriums
für Unterricht, Kultus, Wissenschaft und Kunst

Der Veröffentlichung wurde mit KMS vom 27. 05. 93
Nr. III/6-04345-8/124094[1] (92) zugestimmt.

Herausgeber:
Staatsinstitut für Schulqualität
und Bildungsforschung
Schellingstr. 155
80797 München

Vertrieb:
Auer Verlag GmbH
Postfach 11 52
86601 Donauwörth
Telefon: (09 06) 73-2 40
Telefax: (09 06) 73-1 77

Gedruckt auf umweltbewusst gefertigtem,
chlorfrei gebleichtem und alterungsbeständigem Papier.

16., mehrfach durchgesehene und ergänzte Auflage 2010
Gesamtherstellung: Ludwig Auer GmbH, Donauwörth
ISBN 978-3-403-02532-0

www.auer-verlag.de

Inhaltsverzeichnis

3

VORWORT

Schon seit langem besteht Einigkeit darüber, dass es eine Vielzahl negativer Auswirkungen haben kann, die angeborene Linkshändigkeit von Kindern umzuschulen. Erstklässler, die eine entsprechende Umschulung in der Schule erfuhren, verloren häufig den Spaß am Lernen und fielen in ihren Leistungen zurück.

Im bayerischen Lehrplan aus dem Jahr 2000 heißt es eindeutig: „Vor allem Linkshänder lernen von Anfang an Techniken, die einer Verkrampfung beim Schreiben entgegenwirken. Sie dürfen nicht zum bevorzugten Gebrauch ihrer nicht dominanten Hand angehalten werden. Die angeborene Händigkeit darf nicht umgeschult werden."

Erstmals 1987 wurden vom Staatsinstitut für Schulqualität und Bildungsforschung Materialien über „Das linkshändige Kind bei Schuleintritt" zusammengestellt. In den im Auftrag des Bayerischen Staatsministeriums für Unterricht und Kultus 1989 erarbeiteten „Empfehlungen zur Aufnahme des Kindes in die Grundschule" wurden diese Materialien erweitert und ergänzt.

Fachzeitschriften und Medien wiederholten und variierten diese Thematik, und es zeigte sich immer deutlicher, dass man auf ein Problem gestoßen war, das für die Betroffenen von eminenter Bedeutung ist. Denn es wurde immer bewusster, dass man nicht auf der einen Seite gegen die Umschulung der Händigkeit sein kann, ohne auf der anderen Seite modifizierte Lern- und Arbeitsbedingungen für Linkshänder zu schaffen. Dies bedeutet, den Linkshändern zu helfen, sich nicht mehr als benachteiligte Minderheit zu fühlen bzw. tatsächliche Benachteiligungen abzubauen.

Die vorliegende Arbeit stellt den Lehrern und Erziehern eine ausführliche, brauchbare Hilfe gerade dort zur Verfügung, wo die Weichenstellung stattfindet und in dem Alter, in dem sie geschieht.

Dr. Peter Igl

Dr. Peter Igl

Leiter der Abteilung Grund- Haupt- und Förderschulen
im Staatsinstitut für Schulqualität und Bildungsforschung,
München

KAPITEL 1: EINFÜHRUNG UND ÜBERBLICK ÜBER DIE HEUTIGE SITUATION EINES LINKSHÄNDIGEN KINDES IN SCHULE UND ELTERNHAUS

1.1 BEISPIEL AUS DEM LEBEN: DER LINKSHÄNDIGE MARTIN IN DER GRUNDSCHULE

1.1.1 Schulaufnahme

Martin[1] hat sich sehr auf die Schule gefreut, er konnte schon etwas schreiben – seinen Namen:

$$\text{ИI TЯAM}$$

„Warum aber", ärgerte er sich, „ist die Mama, obwohl ich die Buchstaben wirklich wunderschön abgemalt habe, irgendwie nicht zufrieden, warum gefällt ihr nicht mein ‚Martin'?"

Gedanken seiner Mutter: „Warum musste gerade mich das treffen ... als ob ich nicht genügend andere Sorgen hätte, kommen auch noch Sorgen mit diesem linkshändigen Kind dazu. Was geht es mich an sich an, ob der Lehrer damit umgehen kann und ihm das Schreiben richtig beibringt, ohne dieses fürchterliche Verschmieren, wie bei Nicole, der linkshändigen Tochter meines Bruders? Hat meine Schwiegermutter vielleicht doch Recht, dass ich weniger Probleme mit Martin haben werde, wenn wir vorsichtig versuchen, ihm das Schreiben rechts beizubringen?"

„Was soll nur werden", sinnierte die Mutter. „Warum muss ausgerechnet in unserer Familie Linkshändigkeit immer wieder vorkommen? Von meiner Nichte Nicole hat mir mein Bruder nicht nur über die Schwierigkeiten mit dem leidigen Verwischen beim Schreiben berichtet."

„Nicole will doch Hauswirtschaft erlernen", erinnert sich die Mutter, „aber, so sagte man damals meinem Bruder: Nach Lehrplan muss Ihre Tochter sowieso alles rechts bei Prüfungen durchführen, und sollte sie einmal den Meister machen und selber ausbilden wollen, dann bitte, stellen Sie sich darauf ein, dass sie auch ihre späteren Lehrlinge, egal ob rechts- oder linkshändig, mit rechts lehren muss." Und Martins Mutter versuchte sich vorzustellen, wie Nicole falsch rühren wird, Eier mit der verkehrten Hand aufzuschlagen versucht usw., und bei der Vorstellung konnte sie das Schmunzeln nicht unterdrücken ...

---

[1] Anmerkung: Namen und Orte wurden verändert, alle geschilderten Ereignisse beruhen auf tatsächlichen Geschehnissen und Beobachtungen.

Am ersten Schultag trug Martin freudig seine Schultüte nach Hause, begeistert darüber, was die nette Lehrerin den Schülern alles beibringen wollte.

Die Mutter ging mit gemischten Gefühlen hinterher. Fünf Linkshänder waren in Martins Klasse, von insgesamt zwanzig Kindern sind das immerhin 25%, rechnete sie sich aus, vielleicht lässt sich da doch was machen. Aber die Mutter der linkshändigen Karin hatte gleich betont, dass Karin rechts schreiben wird. Sie hat schon lange mit der rechten Hand geübt zu malen und in den letzten zwei Jahren auch das Schreiben. Auch der zwei Jahre jüngere linkshändige Bruder von Karin übt schon fleißig rechts zu schreiben.

1.1.2 Vorgeschichte

„Vielleicht hätte ich das auch machen sollen mit Martin. Vielleicht hatte meine Schwiegermutter doch Recht, dass Linkshändigkeit nur antrainiert ist und dass wir Mütter daran schuld sind, weil wir das Kind auf dem linken Arm tragen beim Hantieren mit der rechten Hand, und so lernt das Kind automatisch mit der linken Hand zu greifen.

Aber ich bin doch Rechtshänderin und meine Mutter hat mich auch getragen als Kind, und sie war auch Rechtshänderin! Da stimmt doch etwas nicht", grübelte die Mutter.

„Außerdem hat Martin seit Beginn alles mit links gemacht, Greifen, Essen, Daumenlutschen. Seit dem Alter von etwa 12 bis 15 Monaten ist es mir schon aufgefallen. Und als ich mal versucht habe, dass er rechts isst, hat er sofort den Löffel wieder in die linke Hand genommen. Was habe ich nur falsch gemacht, wie hat das Karins Mutter nur geschafft?", quälte sich Martins Mutter auf dem Heimweg.

1.1.3 Martins Grundschulzeit

Nach drei Monaten waren alle zaghaften Hoffnungen vorbei. Vorsichtige Versuche, Martin auf rechts umzustellen, hatte er strikt abgelehnt. Beim Schreiben hing er fürchterlich über dem Tisch, konnte den vorgeschriebenen Buchstaben in dem Heft des Schreiblehrganges nicht sehen, und noch dazu kritisierte die Lehrerin konsequent, dass Martin das Heft zu gerade hielte, nicht nach rechts geneigt.

Mutter und Martin waren verzweifelt, und auch die Hinweise der Handarbeitslehrerin beim Elternabend, dass selbstverständlich rechts gestrickt, gehäkelt und gestickt werden müsse – sie könne es auch nur rechts –, trugen nicht zu einer besseren Stimmung der Mutter bei.

Traurig dachte sie an ihre Freundin, die ihr erzählt hatte, dass der Lehrer in ihrer kleinen Dorfschule alle linkshändigen Kinder in seiner schon reichlich langen

Schulerfahrung auf rechts umgeschult hat, und – wie er betonte – ohne Zwang und Schläge; es soll sogar in der nahe liegenden Kreisstadt ein Ergotherapeut auf Krankenschein vor Schulbeginn linkshändige Kinder durch konsequente Übungen auf das Schreiben mit der rechten Hand hinführen. Viele Eltern linkshändiger Kinder aus der gesamten Umgebung nehmen dieses Angebot wahr, froh über das, wie sie meinen, so rechtzeitig gelöste Problem.

Ganz anders als der Lehrer beurteilte die Erzieherin aus dem Kindergarten die Situation. Als Vertrauensperson vieler Mütter konnte sie die weitere Schullaufbahn vieler umgeschulter linkshändiger Kinder verfolgen und hörte von den Sorgen der Mütter. Es besteht aber noch häufig bei Erzieherinnen eine Scheu, auch mit dem Lehrer darüber zu sprechen; besonders dann, wenn der Lehrer eine starke, natürliche Autorität besitzt und mittels dieser Autorität bewusst auf rechtshändiges Schreiben bei den Kindern hinarbeitet. Der Lehrer erlebt das Kind ein oder höchstens zwei Schuljahre in seiner Klasse und oft verliert sich der Kontakt dann wieder, sodass er die Auswirkungen nicht direkt wahrnehmen kann.

Am besten schien es Martin im Musikunterricht zu gehen. Er spielte mit links den Triangel. Von Bewegungsspielen erzählte er begeistert, dass extra für die Linkshänder vieles umgekehrt gemacht wurde. Aber mit seiner Schreibhaltung und der erwünschten Blattlage wurde die Situation immer schwieriger.

Schließlich weigerte sich Martin sogar, weiter in die Schule zu gehen. Er weinte, klagte über Schwindelgefühle, Magenschmerzen und Erbrechen.

1.1.4 Konsultation eines Neurologen

Der hinzugezogene Neurologe konnte der Mutter auch nicht helfen. Linkshändigkeit und die Änderung der Schreibhaltung gehörten nicht in seinen Kompetenzbereich. Martin sei kerngesund. Schließlich schickte er Martin in die Beratungsstelle für Linkshänder und umgeschulte Linkshänder, vielleicht wisse man dort einen Rat.

Als Facharzt wusste er natürlich, dass die höchst kompliziert verknüpften Vorgänge beim Erlernen des Schreibens im feinmotorischen, neurophysiologischen Bereich sehr störungsempfindlich sind und sogar eine Haltungsänderung beim Gehen oder Sitzen für viele Menschen kaum durchzuhalten ist, wenn einmal die falsche Haltung eingeübt, motorisch gelernt und festgelegt ist.

1.1.5 Der Gang zur Beratungsstelle

Die Mutter wunderte sich, wieso man sie schon am Telefon sehr genau ausfragte. Man wusste bereits, dass bei der linkshändigen Monika aus Martins Klasse die Lehrerin eine Ausnahme machte und die Schülerin ihre „falsche" Schreibhaltung beibehalten durfte. Monika war mit ihrer Mutter in der Beratungsstelle gewesen, und man hatte in Absprache mit der Lehrerin einen Kompromiss für das Kind gefunden.

Martin war zunächst etwas skeptisch und misstrauisch. Doch sein Interesse war schnell durch Fotos und Arbeiten von linkshändigen Kindergruppen an den Wänden geweckt. Bald machten ihm die Malübungen Spaß. Er zeichnete wie ein Wilder, punktierte, und ganz besonders gefiel ihm das Computerspiel, wo er durch sein schnelles Tappen – mit je einer Hand auf eine Taste – Türme und richtige Pyramiden auf den Bildschirm zaubern konnte. Sehr ausführlich wurde dann auch beim Kritzeln seine Schreibhaltung geprüft.

Es stellte sich heraus, dass Martins Schreibhaltung schon ziemlich fest eingeübt und steif war. Und es wurden verschiedene Lockerungsübungen gezeigt, die auch die Mutter mit der linken Hand versuchen musste.

Martin lernte in der Folge sorgfältig und schön zu schreiben – etwas steif vielleicht, aber ohne zu verwischen. Die bei vielen Linkshändern leider oft zu beobachtende Hakenhaltung der Hand hatte er nicht angenommen. Seine Leistungen waren gut. Alle erleben ihn fortan als ein fröhliches und aufmerksames Kind. Mit der Handarbeitslehrerin hatte man sich arrangiert. Eine linkshändige Mitschülerin aus der 5. Klasse hatte in einigen Stunden den Kleineren das Häkeln und Stricken mit links beigebracht. Stolz zeigte Martin seinen „umgekehrt" gestrickten Schal. Die Mutter lebte auf und war sehr zufrieden.

1.2 BERICHT VON KARIN UND IHREM BRUDER

Am letzten Elternabend war Martins Mutter mit Karins Mutter ins Gespräch gekommen. Karin hatte große Schwierigkeiten. Ihre Schrift war nicht schön, sie litt unter Konzentrations- und Gedächtnisstörungen, und aus einem fröhlichen Kind war ein zurückgezogenes, unsicheres Mädchen geworden. Die Mutter klagte über die mangelnde Ausdauer und Faulheit von Karin, die die Aufgaben jeden Nachmittag zu einer Qual machten. Sie verstand nicht, warum die rechtshändige Freundin aus der Nachbarschaft oft schon nach einer halben Stunde fertig war, denn Karin – das wusste die Mutter ganz bestimmt – war nicht dümmer als die Freundin, aber es war ein täglicher Zirkus mit ihr, und wenn Karin endlich einmal mühevoll das Gedicht auswendig konnte, war es am nächsten Tag oft wie weggeblasen. Ihre Rechtschreibung ließ sehr zu wünschen übrig, und das Lesen ging nur stockend voran und schien Karin darüber hinaus noch sehr zu ermüden. Es wurde schon überlegt, Karin die Klasse wiederholen zu lassen.

Karins Mutter standen Tränen in den Augen, als sie von einem Vortrag über linkshändige Kinder erzählte. Dort wurden alle diese Schwierigkeiten als eine häufige Erscheinung nach der Umstellung eines linkshändigen Kindes auf die rechte Hand beim Schreiben geschildert.

Sie warf sich vor, warum sie das getan hatte, warum sie sich aus den vielen verschiedenen Meinungen, die sie gehört hatte, nur die, *die für eine Umschulung plädierten,* herausgesucht hatte und welche Schuld und Verantwortung für den Werdegang ihrer Tochter jetzt auf ihr lasteten.

1.3   VORBEMERKUNGEN ZU DIESER ARBEIT

In den folgenden Kapiteln werden spezielle Fragen zu linkshändigen Kindern in der Schule aufgeworfen, Lösungsmöglichkeiten gesucht und Hilfestellungen vorgeschlagen.

In der Schule ist es wichtig, dass auch Fachlehrer auf Alltagsbeobachtungen eingehen und differenzierte Hilfestellungen anbieten. Nur durch eine Zusammenarbeit der verschiedenen Lehrer und Fachlehrer werden wir ausreichend der Problematik der Linkshänder gerecht werden und Eltern von den noch heute bestehenden Vorurteilen befreien können, z. B. von der Angst, dass aus ihren Kindern linkische, unsichere Menschen werden würden, die sich in einer rechtshändigen Umwelt nicht richtig zurechtfinden.

Diese Präventions- und Aufklärungsarbeit wird bei weitem noch nicht genügend durchgeführt und sollte gezielt eingeplant werden. Es geht dabei auch um eine Vorbeugung gegenüber in der Schule drohenden Teilleistungsstörungen und Störungen im Kindes-, Jugend- und Erwachsenenalter.

KAPITEL 2: WIE DIAGNOSTIZIERT MAN DIE LINKS-HÄNDIGKEIT DES KINDES? TESTMÖGLICHKEITEN. SCHWIERIGKEITEN FÜR LEHRER UND ERZIEHER

2.1 ALLTAGSBEOBACHTUNGEN / STATISTIKEN

„Linkshändige Kinder erscheinen bei Schuleintritt leider nicht immer ganz eindeutig als Linkshänder. Umschulungsversuche auf die rechte Hand, im Elternhaus oder im Kindergarten, können verantwortlich dafür sein, dass bei dem schulreifen Kind die Handpräferenz nicht eindeutig zu sein scheint."[1]

Linkshändigkeit zeigt sich jedoch bei vielen Kindern schon sehr früh, häufig bereits bei den ersten gezielten Greifbewegungen, beim Essen, Daumenlutschen usw. Manchen Eltern fällt die Linkshändigkeit auch erst beim Malen so richtig auf.

Es gibt allerdings auch eine Gruppe linkshändiger Kinder, die zwar viel mit links machen, aber auch, ohne nachweisbare Einflüsse von außen, die rechte Hand benutzen, also wechseln (siehe auch Kapitel 7).

Die *statistischen* Angaben über den Linkshänderanteil in der Bevölkerung sind äußerst schwankend. Maßgeblich hat dazu früher, aber auch heute noch, die in manchen wissenschaftlichen Untersuchungen benutzte Methode der „Selbsteinschätzung" beigetragen. Die über ihre Händigkeit ausgefragten umgeschulten Linkshänder haben sich in der Mehrzahl dabei als Rechtshänder eingeschätzt und gingen folglich als solche in die Statistiken ein[2].

Sehr deutlich ist aber, insbesondere in den Statistiken der letzten Jahre, ein kontinuierlich ansteigender Messanteil an Linkshändern zu beobachten. Verantwortlich dafür sind auf der einen Seite die Kriterien, nach denen ein Kind als Linkshänder diagnostiziert wird, also ob nur „Schreiben und Malen" ausschlaggebend sind oder ob, weit genauer, die Händigkeit an sich überprüft wird und zwar anhand von

---

1 Sattler, Johanna Barbara, „Das linkshändige Kind bei Schuleintritt". In: Empfehlungen zur Aufnahme des Kindes in die Grundschule. Herausgegeben vom Staatsinstitut für Schulqualität und Bildungsforschung, München, 1989, S. 142–149.

2 Ein jederzeit leicht nachvollziehbares Experiment beweist dieses Phänomen: Probanden einer über die Problematik der Händigkeit nicht informierten Gruppe bekamen zur Selbsteinschätzung zwei Kategorien vorgelegt: linkshändig oder rechtshändig. Dann bekamen sie, nach der Kurzinformation, dass Schreiben nicht ausschlaggebend für die Händigkeitsbestimmung sei, drei Kategorien vorgelegt: linkshändig, rechtshändig, beidhändig. Ergebnis: Bei der zweiten Selbsteinschätzung bildete sich die Gruppe der Beidhänder fast ausschließlich durch Abspaltung aus der Rechtshändergruppe. Der Anteil der Linkshänder blieb etwa konstant.

Tätigkeitsbeobachtung, anamnestischem Gespräch mit den Eltern und verschiedenen Testverfahren.

Auf der anderen Seite steigt die Toleranz gegenüber dem Schreiben mit der linken Hand und so steigt auch der „phänomenale" Linkshänderanteil bei Schulkindern. So ist es heute keine Seltenheit mehr, einen Anteil von 20 bis 30 Prozent *nicht* umgeschulter Linkshänder in Grundschulklassen zu finden, wobei man immer noch eine Dunkelziffer an *umgeschulten* Linkshändern anrechnen muss, sodass die Hypothese von 50 Prozent Linkshändern in der Bevölkerung nicht als Absurdum von vornherein abzulehnen ist.

2.2 ZUM BEGRIFF „beidhändig"

Der Begriff „beidhändig" ist als eine individuelle Einordnungsmöglichkeit im folgenden Fragebogen absichtlich aufgeführt.

Vor allem in der älteren Literatur, die sich nicht auf neue präzise und differenzierende Untersuchungen stützen konnte, wurde der Begriff Beidhändigkeit oft benutzt, und in einem Teil der neueren Literatur wurden automatisch, ohne Überprüfung, die früheren Kriterien übernommen.

Die persönliche Aussage der Probanden über ihre Beidhändigkeit ist als eine *nicht durch Untersuchungen gemessene Eigenschaft* (sondern nur als Selbsteinschätzung) aufzufassen und bedeutet nicht, dass diese Personen tatsächlich Beidhänder sind, sondern lediglich, dass dieser Begriff, wenn überhaupt, dann nur eine oft persönlich erwünschte, individuelle Einordnungsmöglichkeit offen lässt. Es ist fraglich, ob überhaupt Objektivitätskriterien hier gelten können. Von vielen, die sich selbst als Beidhänder einordnen, hört man oft den Satz: „Ich war Linkshänder, heute schreibe und male ich rechts, aber sonst mache ich alles mit links."

Beidhändigkeit steht hier also als ein Begriff, unter den sich viele Menschen zunächst selber leichter einordnen können. In der Praxis ist aber die Frage nach Beidhändigkeit eine Suggestivfrage mit *aufwertender* Wirkung. Das ist durch ein gängiges, psychologisches Instrumentarium (Methodik der Testkonstruktion) zu belegen.

Zur Einordnung unter Beidhändigkeit kommt es besonders dann, wenn dieser Teil des Fragebogens von dem Probanden selbst und nicht vom Versuchsleiter ausgefüllt wird.

Ob es doch eine echte Beidhändigkeit (Beidhänder oder Ambidexter) in Ausnahmefällen (z. B. beim Down-Syndrom) gibt, wird hier nicht näher behandelt.

Sehr interessant sind allerdings die Erfahrungen, künstlich eine Beidhändigkeit herbeizuführen und das sowohl bei Rechts- wie bei Linkshändern: Seit dem letzten

Jahrhundert entdeckte man immer mehr unterschiedliche Funktionen der beiden Hirnhemisphären sowie die kontralaterale, d. h. gegenüberliegende Verbindung von Gehirnhemisphäre und Körperseite. Man nahm an, daß eine der Hirnhemisphären vernachlässigt sei, und wollte ihre Kräfte durch beidhändige Übungen und Tätigkeiten mobilisieren.

Vor dem Ersten Weltkrieg und zwischen den beiden Weltkriegen wurden breite pädagogische Experimente durchgeführt, die sogar institutionelle, schulische Formen annahmen. Die praktischen Ergebnisse waren aber derart negativ, sowohl für Links- wie auch für Rechtshänder, dass man eine konsequente Ausrichtung auf ein beidhändiges Training wieder aufgab.

Von Bedeutung scheinen allerdings bestimmte beidhändige Tätigkeiten bei Kindern mit zerebralen Funktionsschädigungen aller Art und Teilleistungsstörungen zu sein (siehe dazu auch Kapitel 7).

2.3 HINWEISE FÜR LEHRER UND ERZIEHER / UNTERSUCHUNGS-MÖGLICHKEITEN

2.3.1 Einfache Beobachtungen

„Einfache Händigkeitstests kann der Lehrer selber machen, wie Beobachtung der Hand, mit der sich das Kind meldet, mit der es die Tür oder das Fenster öffnet, einen Lichtschalter bedient oder Blumen gießt.

Zur genaueren Feststellung muss man auch beobachten, welche Hand das Kind für folgende Tätigkeiten benutzt:
Schreiben, Zeichnen, Malen, Zähneputzen, Kämmen, Hämmern, Werfen, Schneiden und Schraubenzieher-, Nähnadel-, Häkelnadel-Gebrauchen (siehe dazu auch den folgenden Fragebogen zur Bestimmung der Händigkeit). Händefalten, Armeverschränken und Klatschen (die obere Hand bzw. der obere Daumen und Arm sind ausschlaggebend) sind keine signifikanten Hinweise.

Häufig gebrauchen Linkshänder auch bevorzugt den linken Fuß, was ein weiteres Indiz für Linkshändigkeit sein kann: Hüpfen auf einem Bein, Ballschießen" (Sattler, 1989, S. 145).

2.3.2 Arbeit mit einem Fragebogen / Fragebogenmuster

Der folgende Fragebogen zur Bestimmung der Händigkeit gliedert unterschiedlich zu bewertende Tätigkeiten, ihrer Bedeutung nach, in drei Blöcke:

1. sehr spontane, von der Erziehung und Umwelt nicht geprägte Tätigkeiten, die für die Diagnose „linkshändig" entsprechend höher zu bewerten sind,
2. durch Erziehung und Nachahmung geprägte und beeinflusste Tätigkeiten,
3. durch technische Vorrichtungen geprägte und durch fehlende linkshandgerechte Produkte erzwungene Tätigkeiten.

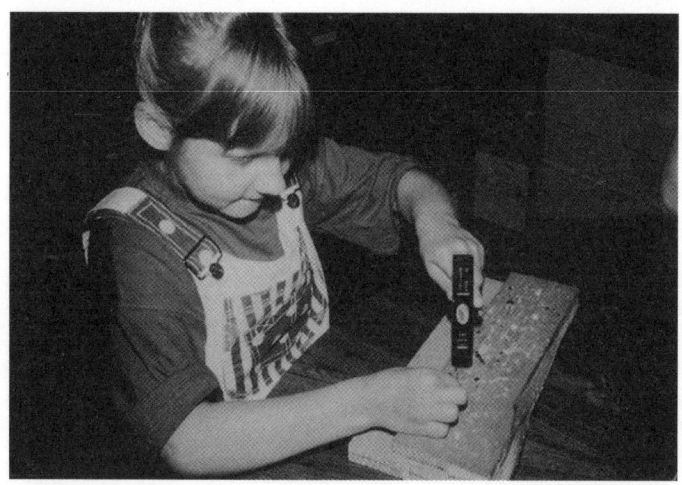

Spielerisches Testen der Händigkeit eines sechsjährigen Mädchens in der Beratungsstelle

FRAGEBOGEN

zur Bestimmung der Händigkeit
(von Dr. Johanna Barbara Sattler[1])

Name: Testdatum:

Alter: Geschlecht: ☐ weibl.   ☐ männl.

Wie wird die Händigkeit des Kindes eingeschätzt und wie die von Familienmitgliedern:

	links-händig	beid-händig	umges. Linkshänder, Pseudorechtshänder	rechts-händig
untersuchtes Kind	☐	☐	☐	☐
Mutter	☐	☐	☐	☐
Vater	☐	☐	☐	☐
Großeltern väterl.-/mütterlicherseits	☐	☐	☐	☐
Geschwister Bruder/Schwester	☐	☐	☐	☐
Onkel/Tante väterl./mütterlicherseits	☐	☐	☐	☐
Cousin/Cousine väterl./mütterlicherseits	☐	☐	☐	☐
andere Verwandte welche väterl.-/mütterlicherseits	☐	☐	☐	☐

Wurde eine Umschulung der Händigkeit vorgenommen, d. h. musste z. B. bevorzugt mit einer bestimmten Hand schreiben gelernt werden?   ☐ ja   ☐ nein

Wenn ja, in welchem Alter ist das geschehen?

---

1 Das Copyright liegt bei der Autorin. Vervielfältigung ist mit Quellenangabe gestattet.

19

Bei welcher der folgenden Tätigkeiten bzw. dem Hantieren mit Geräten werden die linke, die rechte oder beide Hände bevorzugt?

1. Sehr spontane, von der Erziehung/Umwelt nicht geprägte Tätigkeiten:

	linke Hand	beide Hände (abwechselnd)	beide Hände (gleichzeitig)	rechte Hand
Kämmen	☐	☐	☐	☐
Zähneputzen	☐	☐	☐	☐
Würfeln	☐	☐	☐	☐
Kreiseln	☐	☐	☐	☐
Tragen (wenn das Kind nicht an der Hand geführt wird)	☐	☐	☐	☐
Blumengießen	☐	☐	☐	☐
Tür-/Fensteröffnen	☐	☐	☐	☐
Lichtschalterbedienen	☐	☐	☐	☐
Aufheben	☐	☐	☐	☐
Sich melden	☐	☐	☐	☐
Hämmern	☐	☐	☐	☐
Schraubenzieher (welche Hand dreht oben?)	☐	☐	☐	☐
Telefonhörerhalten, bei Kindern bis Schuleintritt	☐	☐	☐	☐
Anzahl Kreuze pro Spalte	☐	☐	☐	☐

Mit Bauklötzen einen Turm bauen:

Führungshand: -mal links   -mal rechts

(Mitzählen, mit welcher Hand Bauklötze genommen und aufgestellt werden)

2. Durch Erziehung und Nachahmung geprägte und beeinflusste Tätigkeiten:

	linke Hand	beide Hände (abwechselnd)	beide Hände (gleichzeitig)	rechte Hand
Schreiben	☐	☐		☐
Zeichnen/Malen	☐	☐		☐
Werfen	☐	☐	☐	☐
Tischtennis-/ Federballspielen	☐	☐	☐	☐
Tennisschlägerhalten	☐	☐	☐	☐
Messer mit Gabel halten	☐	☐		☐
Messer ohne Gabel halten	☐	☐		☐
Gabel ohne Messer halten	☐	☐		☐
Löffelhalten	☐	☐		☐
Handgeben, spontan als kleines Kind	☐	☐		☐
Anzahl Kreuze pro Spalte	☐	☐	☐	☐

3. Durch technische Vorrichtungen bzw. durch fehlende linkshandgerechte Produkte geprägte Tätigkeiten:

	linke Hand	beide Hände (abwechselnd)	beide Hände (gleichzeitig)	rechte Hand
Scherehalten	☐	☐		☐
Kartoffelschälen	☐	☐		☐
Dosenöffnerhalten	☐	☐		☐
Korkenzieherhalten	☐	☐		☐
Telefonhörerhalten (Notizen mit anderer Hand)	☐	☐		☐
Bügeleisenführen	☐	☐		☐
Anzahl Kreuze pro Spalte	☐	☐		☐
Gesamtzahl Kreuze pro Spalte	☐	☐	☐	☐

Seit wann ist Linkshändigkeit bei dem Kind aufgefallen?

☐ ab ca. 12 Monate–3 Jahre
☐ 3–4 Jahre
☐ 5–7 Jahre

Zunächst wird auf der ersten Seite des Fragebogens die Händig- und Füßigkeit in der Familie abgefragt, um eine genetische Komponente zu untersuchen.

Allerdings muss man sich bewusst sein, dass hier die Vollständigkeit (und somit die Aussagefähigkeit) der Angaben sehr schwankend ist. Meistens ist wenig über die Händigkeit der Verwandten bekannt. Darüber hinaus wirken sich soziale Komponenten, wie Scheidung, Trennung vom Partner, Umzug oder Todesfälle, negativ auf das Wissen über die Händigkeit von Familienmitgliedern aus. Normalerweise wurde in der Familie nicht auf Händigkeit geachtet. Besonders in der Großelterngeneration war früher strikte Umschulung der Linkshändigkeit üblich.

Bei der Durchführung der im Fragebogen aufgeführten Tätigkeiten ist es nicht notwendig, die Reihenfolge einzuhalten, denn es ist weit wertvoller, bei wirklich spontanen Tätigkeiten die Handpräferenz zu beobachten und aufzuzeichnen als eine vom Kind bewusst beeinflusste Handbenutzung abzufragen.

Das Gleiche gilt für die Vollständigkeit. Es ist notwendig, zu versuchen, die Aufmerksamkeit des Kindes von der bewussten Händigkeitstest-Untersuchung abzulenken, sei es durch spielerisches Eingehen auf bestimmte Interessen des Kindes oder durch Einfügung von Dingen, die nicht direkt mit der Händigkeitsuntersuchung zu tun haben. In der Beratungsstelle wird z. B. ein Farbkreisel benutzt, wie er im Bauhaus entwickelt wurde. Er ist an sich für Kinder viel zu schwer zu drehen, aber er fasziniert mit den verschiedenfarbigen Scheiben, die ausgewechselt werden können und beim Drehen immer ein anderes Bild abgeben. Das Kind vergisst etwas die Testsituation, und man kann beim Hantieren mit dem Kreisel sehr viel beobachten.

Die Eltern, die normalerweise bei der Durchführung der Fragebogenitems und den Zeichentests zugegen sind, müssen oft zugestehen, dass sie so genau noch gar nicht hingesehen haben, und es entsteht häufig ein Prozess der Umwertung der Beurteilung der Handpräferenz bei ihrem Kind oder eine größere Bereitschaft, aufgrund so gewonnener Sicherheit, zu der Linkshändigkeit ihres Kindes stehen zu können.

Die linkshändig durchgeführten Tätigkeiten im ersten Block des Fragebogens haben für die Diagnose der Linkshändigkeit einen weit höheren Stellenwert als die im zweiten und dritten Block. Zur Handpräferenz bei der Scherenbenutzung, die bei Kindern meist das einzige Angekreuzte im dritten Block ist, muss gesagt werden, dass der Gebrauch der Schere einerseits sehr vom Vorhandensein einer gut funktionierenden Linkshänderschere seit Beginn des Schneidens und andererseits von dem Nachahmungsverhalten abhängig ist. Viele linkshändige Kinder schneiden trotz normaler Linkshändigkeit rechts, weil sie mit der Rechtshänderschere links nicht zurechtgekommen sind und nach rechts gewechselt haben. Feinmotorisch komplizierte Prozesse beim Schneidenlernen sind nicht einfach von einer Hand auf die andere zu übertragen.

Der Fragebogen beinhaltet eine Auswahl an relativ gut zu testenden Tätigkeiten in einer nicht zu langen Zeitdauer. Selbstverständlich könnten hier noch weit mehr

Tätigkeiten getestet werden. So werden bei Rolf Meyer, „Linkshändig? Ein Ratgeber" ausführlich die Testmöglichkeiten der Linkshändigkeit nach Liselotte Kramer und Fischer/Kohenof vorgestellt[1].

Bitte, beachten Sie aber: Kinder sind nur bis zu einem gewissen Grade belastbar, irgendwann machen sie nicht mehr mit, und wenn es nicht gelingt, das Testgeschehen zügig und interessant zu gestalten, vergrößert sich die Gefahr, falsche Ergebnisse zu bekommen.

2.3.3 Weitere aufklärende und beratende Hinweise

Die Schwierigkeit für den Lehrer, die richtige Händigkeit bei einem Kind zu diagnostizieren, liegt heutzutage darin, dass manche Kinder (von sich selbst aus) dazu neigen, „um es dem Lehrer recht zu machen", gerade bei bewusst wahrgenommenen Händigkeitstests, absichtlich die nicht dominante Hand zu benutzen. Aufgrund der falschen Überzeugung, einen Fehler vertuschen zu müssen, bzw. der Einstellung „rechts ist richtig" glauben Eltern manchmal, diese Meinung und Handlungsweise bei ihrem Kind auch noch unterstützen zu müssen, sodass dem Lehrer die Umschulungsbemühungen in ihrem ganzen Ausmaß oft überhaupt nicht erkennbar werden bzw. er sie missversteht.

Wie erkennt der Lehrer eine Linkshändigkeit, wenn Kind und Eltern schon lange vor Schulbeginn mit einer Umstellung auf die rechte Hand begonnen haben?

Ob es eine leichte oder ausgeprägte Linkshändigkeit überhaupt gibt, werden wir erst dann wissen, wenn nicht mehr vor Schulbeginn umgeschult wird (und sei es auch nur durch Nachahmungseffekte bzw. Modellverhalten von dem Kind selbst) und wenn die immer noch häufig anzutreffende Meinung, dass „rechts besser ist als links" und weniger Schwierigkeiten im Leben bei Rechtshändigkeit zu erwarten seien, nicht mehr als eine für Kinder erstrebenswerte Norm von der Umwelt aufgestellt wird.

Gerade Kinder, die sehr bestrebt sind, „erwachsen zu werden", zu lernen, und die sich dabei stark an den äußeren Normen orientieren, können, obgleich sie ausgeprägte Linkshänder sind, durch eigenen, willentlichen Antrieb zu phänomenal „leichten Linkshändern" werden, weil sie andauernd versuchen, die rechte Hand zu benutzen. Es ist nochmals äußerst wichtig zu betonen, dass das nur durch den genannten starken Nachahmungseffekt passiert.

Der Übungseffekt kann auch *verzerrend* auf die Ergebnisse von normierten Tests einwirken. Dann wird „Beidhändigkeit" diagnostiziert, obwohl eine eindeutige Linkshändigkeit vorliegt.

---

1 Meyer, Rolf W., Linkshändig? Ein Ratgeber. Fachliche Beratung: J. B. Sattler. München, 1991, 2003[7], S. 31 ff.

2.3.4 Hinweise zum Umgang mit normierten Tests

Am häufigsten von allen Punktier- und Spurennachzeichnungstests wird der Hand-Dominanz-Test (HDT) von Steingrüber und Lienert[1] benutzt. Er besteht aus drei Untertests (siehe die folgenden Abbildungen), in denen durch Spurennachzeichnen, Kreis- und Quadratpunktieren die Leistungsfähigkeit der linken und rechten Hand verglichen wird. Das Kind übt zunächst mit rechts und links in dem Feld A die Aufgaben, im Feld B führt die rechte und im Feld C die linke Hand so schnell und genau wie möglich, 30 Sekunden lang, die vorgegebene Aufgabe durch.

Der dritte Untertest (Quadratpunktieren) wird seltener durchgeführt, wegen der Ähnlichkeit zum Kreispunktieren und der häufigen Irritationen der Kinder bereits in Teil A, in dem sie im Zickzack abwechselnd mit links und rechts punktieren sollen, für die linke Hand in entgegengesetzter Schreib- und Leserichtung.

Für den HDT liegen Normdaten für 6–10-jährige Jungen und Mädchen vor.

Bei der Auswertung der Ergebnisse muss man sehr vorsichtig sein. Viele Beispiele haben gezeigt, dass linkshändige Kinder, die im Elternhaus konsequent auf rechts umgeschult wurden, bei Schulbeginn Messwerte im HDT zeigen, die, wenn man dann die Tabellen nur mechanisch anwendet, sie als beidhändig einstufen. In Wirklichkeit ist aber eindeutig Übung mit der nicht dominanten Hand der Ursprung für die Verzerrung der Bewertung.

---

1 Steingrüber, Hans-Joachim, Lienert, Gustav A., Hand-Dominanz-Test. H-D-T, Verlag für Psychologie Dr. C. J. Hogrefe, Göttingen, 2. Auflage 1976.
Ein weiterer bekannter Test ist:
Schilling, Friedhelm, Punktiertest für Kinder (PTK). Leistungsdominanztest. Institut für Sportwissenschaft und Motologie, Universität Marburg. Noch nicht veröffentlicht.

UWE
Spurennachzeichnen
1992
A
B
C
Anfang
Rechts
Links
rechte Hand:
linke Hand:

CHRISTIAN
2007
11.11.92
Spurennachzeichnen
A
B
C
Anfang
rechte Hand:
linke Hand:

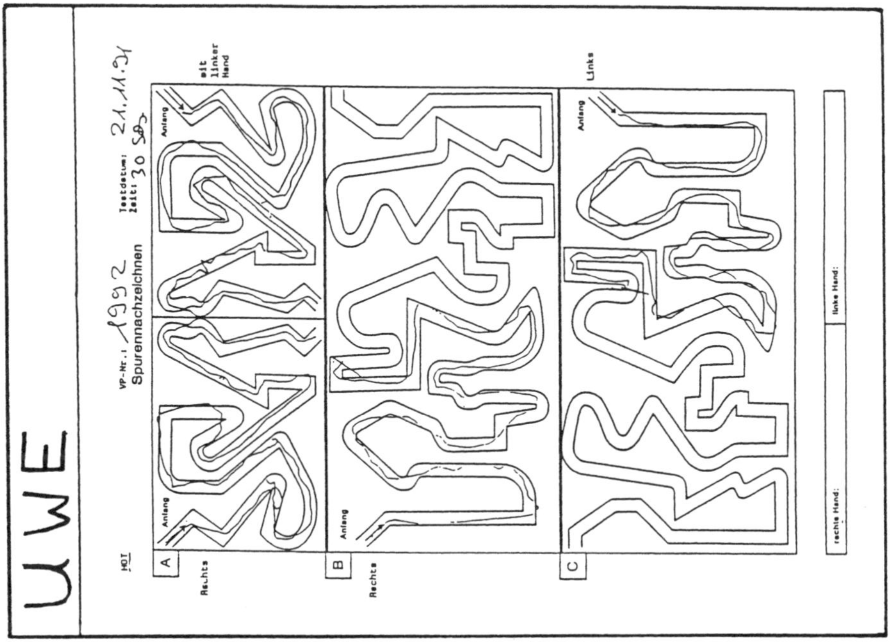

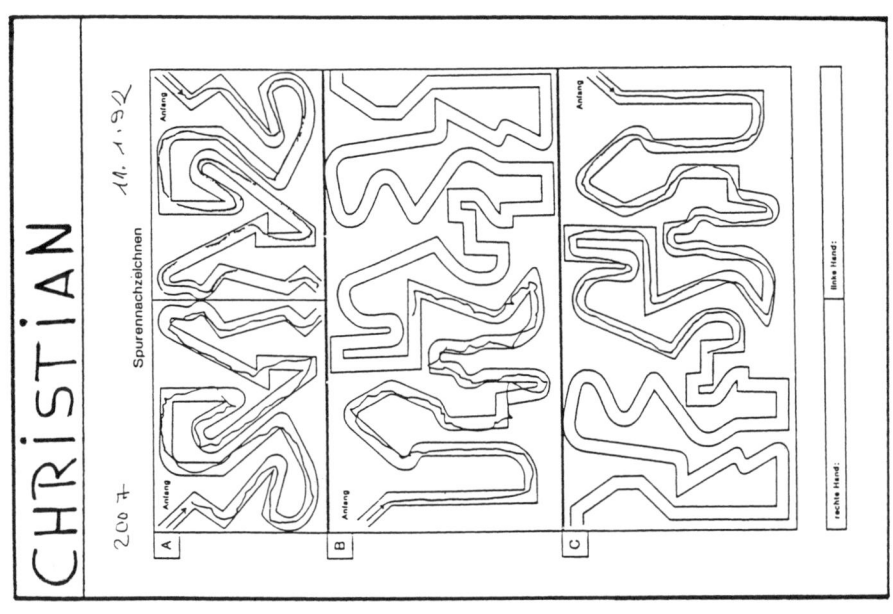

UWE
1992
Kreisepunktieren
21.11.91
30 Sek.
A
mit rechter Hand
Anfang
Links
B
Rechts
C
rechte Hand:
linke Hand:

CHRISTIAN
2007
18.12.91
30 Sek.
Kreisepunktieren
A
mit Hand
Anfang
B
Rechts
C
Links
rechte Hand:
linke Hand:

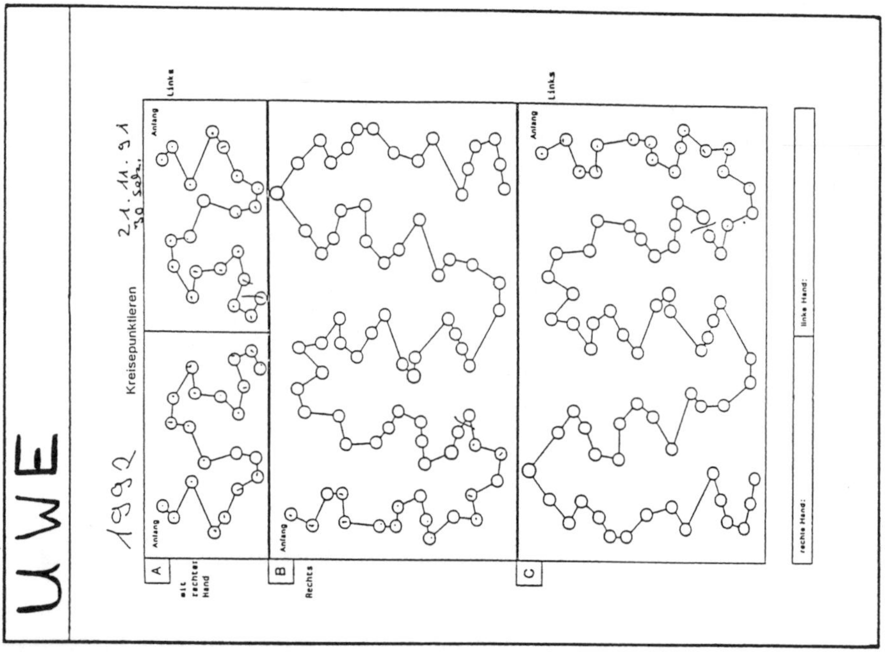

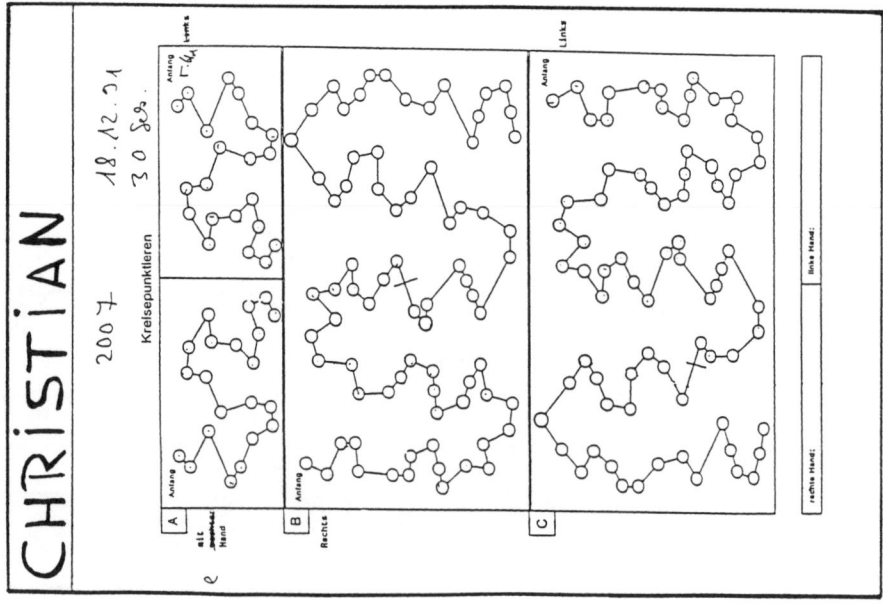

FRAGEBOGEN
zur Bestimmung der Händigkeit

VP-Nr.: 2007
Alter:

Testdatum: 11.12.51
Geschlecht: weibl. ~~mähl~~

Kreuzen Sie bitte an, wie Sie die Händigkeit bzw. Füßigkeit einschätzen, notfalls raten

	links-händig	beid-händig	rechts-händig	pseudorechts-händig	links-füßig	beid-füßig	rechts-füßig
Sie selbst	X						
Mutter			X				
Vater			X				
Großeltern Oma väterl./müt-terlicherseits	X						
Geschwister Bruder/Schwester							
Kinder Sohn/Tochter							
Enkel Mädchen/Junge							
Onkel/Tante väterl./müt-terlicherseits	X			X			
Nichte/Neffe väterl./müt-terlicherseits							
Cousin/Cousine väterl./müt-terlicherseits							
andere Verwandte welche väterl./müt-terlicherseits							

Wurde eine Umschulung der Händigkeit vorgenommen, d. h. mußte i.B. bevorzugt mit einer bestimmten Hand schreiben gelernt werden? ☐ ja ☐ nein

Wenn ja, in welchem Alter ist das geschehen?

- 1 -

FRAGEBOGEN
zur Bestimmung der Händigkeit

VP-Nr.: 1952
Alter: 6 Jo.

Testdatum: 21.11.51
Geschlecht: weibl. mähl

Kreuzen Sie bitte an, wie Sie die Händigkeit bzw. Füßigkeit einschätzen, notfalls raten

	links-händig	beid-händig	rechts-händig	pseudorechts-händig	links-füßig	beid-füßig	rechts-füßig
Sie selbst	X						
Mutter		X					
Vater			X				
Großeltern väterl./müt-terlicherseits							
Geschwister Bruder/Schwester	2,x X						
Kinder Sohn/Tochter							
Enkel Mädchen/Junge							
Onkel/Tante väterl./müt-terlicherseits							
Nichte/Neffe väterl./müt-terlicherseits							
Cousin/Cousine väterl./müt-terlicherseits							
andere Verwandte welche väterl./müt-terlicherseits							

Wurde eine Umschulung der Händigkeit vorgenommen, d. h. mußte i.B. bevorzugt mit einer bestimmten Hand schreiben gelernt werden? ☐ ja ☐ nein

Wenn ja, in welchem Alter ist das geschehen?

- 1 -

27

CHRISTIAN

2007   18.12.91

Bei welcher der folgenden Tätigkeiten bzw. Geräten wird /werden die links, rechte oder beide Hände bevorzugt?

1. Sehr spontane, von der Erziehung/Umwelt nicht geprägte Tätigkeiten:

	linke Hand	beide Hände	rechte Hand
Kämmen	☒	☐	☐
Zähne putzen	☐	☐	☒
Würfeln	☐	☐	☐
Kreiseln	☐	☐	☐
Tragen (wenn das Kind nicht an der Hand geführt wird)	☐	☐	☐
Blumen gießen	☐	☐	☐
Türe/Fenster öffnen	☐	☐	☐
Lichtschalter bedienen	☒	☐	☐
Aufheben	☒	☐	☐
Sich melden	☐	☐	☐
Hämmern	☐	☐	☐
Telefonhörer bei Kindern bis Schuleintritt halten	☐	☐	☐

Anzahl Kreuze pro Spalte

Mit Bauklötzen einen Turm bauen:

Führungshand [ ] -mal links [ ] -mal rechts

(Mitzählen, mit welcher Hand Bauklötze genommen und aufgestellt werden)

-2-

UWE

1992   24.11.91

Bei welcher der folgenden Tätigkeiten bzw. Geräten wird /werden die links, rechte oder beide Hände bevorzugt?

1. Sehr spontane, von der Erziehung/Umwelt nicht geprägte Tätigkeiten:

	linke Hand	beide Hände	rechte Hand
Kämmen	☒	☐	☐
Zähne putzen	☒	☐	☐
Würfeln	☒	☐	☐
Kreiseln	☐	☐	☐
Tragen (wenn das Kind nicht an der Hand geführt wird)	☐	☐	☐
Blumen gießen	☒	☐	☐
Türe/Fenster öffnen	☐	☐	☐
Lichtschalter bedienen	☐	☐	☐
Aufheben	☐	☐	☐
Sich melden	☐	☐	☐
Hämmern	☒	☐	☐
Telefonhörer bei Kindern bis Schuleintritt halten	☐	☐	☐

Anzahl Kreuze pro Spalte

Mit Bauklötzen einen Turm bauen:

Führungshand [ ] -mal links [ ] -mal rechts

(Mitzählen, mit welcher Hand Bauklötze genommen und aufgestellt werden)

-2-

CHRISTIAN

2007   18.12.91

2. Durch Erziehung und Nachahmung geprägte und beeinflußte Tätigkeiten:

	linke Hand	beide Hände	rechte Hand
Schreiben	X		
Zeichnen/Malen	X		
Werfen	X		
Tischtennis/Federball spielen			
Tennisschläger halten	X		
Messer mit Gabel halten	X		
Messer ohne Gabel halten	X		
Gabel ohne Messer halten	X		
Löffel halten			
Handgeben, spontan als kleines Kind			
Anzahl Kreuze pro Spalte			

3. Durch technische Vorrichtungen geprägte Tätigkeiten und fehlende linkshändgerechte Produkte:

	linke Hand	beide Hände	rechte Hand
Schere	X		
Kartoffelschäler			
Dosenöffner			
Korkenzieher			
Telefonhörer (Notizen mit anderer Hand)			
Schraubenzieher			
Bügeleisen			
Anzahl Kreuze pro Spalte			
Gesamtzahl Kreuze pro Spalte			

Seit wann ist Linkshändigkeit bei dem Kind aufgefallen?
seit ca 12 Monaten - 3 Jahre
3 - 4 Jahre
5 - 7 Jahre

- 3 -

UWE

1952   21.11.91

2. Durch Erziehung und Nachahmung geprägte und beeinflußte Tätigkeiten:

	linke Hand	beide Hände	rechte Hand
Schreiben			
Zeichnen/Malen			X
Werfen			X
Tischtennis/Federball spielen			
Tennisschläger halten			
Messer mit Gabel halten	X		
Messer ohne Gabel halten	X		
Gabel ohne Messer halten			
Löffel halten			
Handgeben, spontan als kleines Kind			
Anzahl Kreuze pro Spalte			

3. Durch technische Vorrichtungen geprägte Tätigkeiten und fehlende linkshändgerechte Produkte:

	linke Hand	beide Hände	rechte Hand
Schere	X		
Kartoffelschäler			
Dosenöffner			
Korkenzieher			
Telefonhörer (Notizen mit anderer Hand)			
Schraubenzieher			
Bügeleisen			
Anzahl Kreuze pro Spalte			
Gesamtzahl Kreuze pro Spalte			

Seit wann ist Linkshändigkeit bei dem Kind aufgefallen?
X seit ca 12 Monaten - 3 Jahre
3 - 4 Jahre
5 - 7 Jahre

- 7 -

Die abgebildeten Beispiele des Spurennachzeichnens und Kreispunktierens des HDTs sollen eine Verzerrung, wie sie oben angesprochen wurde, verdeutlichen. Der sechseinhalb Jahre alte Christian (VP.-Nr. 2007) ist Linkshänder, und die Mutter hat jegliche Umschulungsabsichten im Kindergarten und bei dem Einschulungsgespräch strikt abgelehnt. Seine linke Hand zeigt eindeutig eine bessere Leistung. Die Auswertung ergibt einen Linkshänderwert.

Bei dem anderen, auch sechs Jahre alten Uwe (VP.-Nr. 1992), dessen Testergebnisse in den Abbildungen (jeweils rechts auf den Seiten) denen des anderen Buben gegenübergestellt sind, wurde im Kindergarten versucht, ihn auf rechts umzuschulen. Bei seinem Besuch in der Beratungsstelle versuchte er, absichtlich Tätigkeiten rechts vorzumachen; nach Ablenkung vom eigentlichen Testgeschehen zeigte er jedoch durchgehend linkshändige Ausführung von Tätigkeiten (siehe Abbildung des Fragebogens). Das im Kindergarten durch Übung stark beeinflusste Zeichnen mit der rechten Hand führte im HDT beim Spurennachzeichnen und Kreispunktieren zu fast gleichen Werten bei rechter und linker Hand, die nach der Tabelle unter Beidhändigkeit fallen würden. Die Händigkeitsfragebögen zeigten eindeutig linkshändige Werte. Interessanterweise malte er in der Beratungsstelle, wo ihm der Handgebrauch freigestellt war, links.

Diese Fragebogenbeispiele sind absichtlich so ausgewählt worden, um auch zu zeigen, dass es nicht auf das vollständige Ausfüllen ankommt.

Testen der Händigkeit bei einem viereinhalbjährigen Kind an den Computeruntersuchungsapparaturen

Die Computeruntersuchungsapparaturen zum Testen der Händigkeit, die von der Universität Köln entwickelt wurden, haben in diesen Beispielen die Fragebogenergebnisse eindeutig bestätigt. Diese Apparaturen beschleunigen und präzisieren die Ergebnisse und veranschaulichen sie auch für die Eltern durch Projizierung auf den Bildschirm. Des Weiteren liefern sie wissenschaftlich relevante Daten von einer Tätigkeit, die durch die Übung des Zeichnens nicht vorgeprägt ist, und messen verschiedene Faktoren gleichzeitig. Zur allgemeinen Anwendung eignen sich diese Apparaturen leider noch nicht, da sie sich noch in der Experimentierphase befinden.

Nicht jeder Lehrer soll die oben beschriebene Methode anwenden. Aber er soll Hinweise erhalten, worauf geachtet werden muss und wo Schwierigkeiten und „Fußangeln" zu erwarten sind. In Zweifelsfällen sollten Experten (Schulpsychologen) zurate gezogen werden.

2.3.5 Seitendominanz (Lateralität) bei Ohren, Augen und Füßen

Seitigkeitsuntersuchungen zur Überprüfung einer Seitendominanz beim Hören, Sehen und bei der Benutzung der Füße werden heute immer wieder zitiert und durchgeführt und als „Ohrigkeit", „Äugigkeit" und „Füßigkeit" angegeben.

Füßigkeit

Für die Überprüfung der Füßigkeit seien hier z. B. folgende Fragen angeführt:

Welche der folgenden Tätigkeiten werden bevorzugt mit dem linken, rechten oder mit beiden Füßen gleich häufig bzw. gleich gut ausgeführt?

	links	beide	rechts
Ballschießen	☐	☐	☐
oberes Bein beim Beine-Übereinanderschlagen	☐	☐	☐
hüpfen auf einem Bein	☐	☐	☐
Anzahl Kreuze pro Spalte	☐	☐	☐

Meyer (1991) z. B. führt noch eine ganze Reihe weiterer Untersuchungsmöglichkeiten an (S. 48 ff.).

Lateralitätsuntersuchungen

Man geht bei solchen Lateralitätsuntersuchungen davon aus, dass die Linkshändigkeit eines Kindes umso sicherer sei, wenn auch bei Ohren, Augen und Füßen eine linke Dominanz besteht.

Das ist eine Arbeitshypothese, die manchmal funktioniert, aber von sehr vielen Messfaktoren abhängig ist und bei unserem heutigen Wissen und den zur Verfügung stehenden Apparaturen oft noch zu unpräzise ist.

Die Hypothese, die aussagt, dass, je mehr Organe im Körper lateralisiert sind, umso sicherer die Händigkeitsbestimmung sei, ist ein durch Logik deduzierter Schluss: Wer kann bei den heutigen Untersuchungsmethoden sicher garantieren, dass eine abweichende Lateralisation bei den Ohren z. B. nicht durch einen Defekt im Trommelfell, eine Mittelohrentzündung im Kindesalter hervorgerufen ist und nichts mit der Dominanz des Hörens im Gehirn zu tun hat?

Weiter ist gerade bei einer Dominanz des Hörens immer mit an das Sprachzentrum zu denken, das auch bei Linkshändern meist in der linken Gehirnhälfte situiert ist, dass also kontralateral das rechte Ohr oft für Sprachleistung bevorzugt wird (dichotische Tests). In der älteren Literatur kann man immer wieder lesen, dass bei Rechtshändern das Sprachzentrum in der linken Gehirnhälfte läge und bei Linkshändern rechts. Der zweite Teil der Behauptung ist so nicht aufrechtzuerhalten und entspricht nicht dem heutigen Stand der Wissenschaft.

An der schwedischen Universität Uppsala werden ausgiebige Forschungen über dichotisches Hören durchgeführt; das sind Tests, bei denen gleichzeitig beiden Ohren verschiedene sprachliche Informationen zugeleitet werden und getestet wird, welche Hemisphäre die meisten angebotenen Informationen wiedergeben kann. Dann wird analog auf den Sitz des Sprachzentrums rückgeschlossen[1].

Diese Untersuchungen zeigen auch einen sehr starken Aufmerksamkeitsfaktor, der von einem Ohr auf das andere wandern kann und so die Rückschlüsse auf den Sitz des Sprachzentrums erschwert. Inwieweit Sprachzentrum und Dominanz des Hörens identisch sind, also in der gleichen Gehirnhemisphäre liegen müssen, ist eine weitere Frage, die man stellen muß, bevor man Rückschlüsse auf eine Dominanz des Hörens – auf eine „Ohrigkeit" – ziehen kann!

Dass Angewohnheiten eine Quelle für Verzerrungen sein können, beweist schon das Telefonieren, bei dem die Hand, die die Nummern wählt und Notizen nebenher macht, nicht gleichzeitig auch den Hörer halten kann. Daher halten viele Menschen den Hörer in der nicht dominanten Hand.

---

1 Andersson, Britta, „Dichotic listening in lefthanders: Comparisons between left and right hemisphere speech dominant children". In: Uppsala Psychological Reports, No. 403, 1988.

KAPITEL 3: PRAKTISCHE HINWEISE FÜR DEN UNTERRICHT

3.1 DIE SCHREIBHALTUNG UND SITZORDNUNG DES LINKSHÄNDERS

3.1.1 Sitzplatz und Lichteinfall

Das linkshändige Kind sollte so sitzen, dass es mit dem linken Arm Bewegungsfreiheit hat, also links in der Bank oder neben einem anderen Linkshänder.

Das Licht soll von rechts oder von vorne einfallen. Da in den meisten Klassenräumen das Licht von links, also günstig für Rechtshänder, einfällt, sollten Linkshänder nahe am Fenster sitzen, um möglichst viel Licht zu bekommen.

Wenn die Tische in der Klasse hufeisenförmig aufgestellt sind, muss wegen der Kinder, die mit dem Rücken zum Fenster sitzen, früher künstliches Licht eingeschaltet werden, was auch den linkshändigen Kindern zugute kommt. Bei dieser Sitzordnung ist für Linkshänder besonders die hintere, linke Ecke ungünstig (vom Lehrer aus gesehen).

3.1.2 Schreibhaltung und Blattlage

Auf die Blattlage (Richtwert um ca. 30 Grad nach rechts geneigt) ist von Anfang an zu achten und nicht erst, wenn mit dem Füller zu schreiben begonnen wird. Zu diesem Zeitpunkt sind die komplizierten feinmotorischen Abläufe und die daran gebundene visuelle Wahrnehmung des Schreibens schon eingeübt, und die Haltung ist nur noch schwer zu korrigieren.

a) Schreiben unter der Zeile

Lockere Hand- und Stifthaltung und Blattneigung nach rechts[1]

---

1 Sattler, Johanna Barbara, Das linkshändige Kind – seine Begabungen und seine Schwierigkeiten. Eine Hilfe für Lehrerinnen und Lehrer zur Information beim Elternabend. Auer Verlag, Donauwörth, 2003, 2004[2], S. 44

b) Verkrampfte Schreibhand in der
Hakenhaltung „von oben"

Ungünstige Hand- und Stifthaltung
und Lage des Papiers[1]

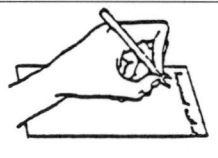

c) Schreiben gegen den Körper hin

Ungünstige Hand- und Stifthaltung
und Lage des Papiers

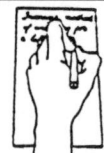

d) Arm krampfhaft an die Seite gepresst

Ungünstige Hand- und Stifthaltung
und Lage des Papiers

Linkshänder, deren Handhaltung nicht frühzeitig korrigiert bzw. nicht ihrer Händigkeit adäquat eingelernt wurde, haben oft die verkrampfte Handhaltung „von oben" (hakenförmig), die zu migräneartigen Erkrankungen im Erwachsenenalter führen kann.

Die Drehung des Blattes nach rechts sollte individuell festgelegt und dem Kind ein gewisser Grad an eigener Bestimmung gelassen werden.

---

1 Sattler, Johanna Barbara, Das linkshändige Kind – seine Begabungen und seine Schwierigkeiten. Eine Hilfe für Lehrerinnen und Lehrer zur Information beim Elternabend. Auer Verlag, Donauwörth, 2003, 2004[2], S. 46

Einüben der richtigen Schreibhaltung mit einem fast sechs Jahre alten Kind

Das Kind soll gerade sitzen, das Stiftende soll etwa in Richtung auf die linke Schulter bzw. zum linken Ellenbogen zeigen. Das Blatt soll leicht nach links von der Körpermitte verschoben liegen. Hand- und Armhaltung sollen locker und nicht verkrampft sein, mit einem stumpfen Winkel zwischen Handrücken und Unterarm.

Zur Kontrolle der Heftlage kann man den Eltern empfehlen, eine Schreibtisch-Auflage für Linkshänder zu benutzen. Dort wird durch die aufgedruckte Zeichnung eine Heftlage und Handhaltung vorgegeben, die dem Kind zu einer lockeren und unverkrampften Schreibhaltung verhelfen soll. Es gibt diese strapazierfähige, abwaschbare und rutschfeste Auflage inzwischen in verschiedenen Farben. Von der Größe her passt sie gut auf den Schultisch. Für zu Hause ist eher der etwas größere Schreibunterlagen-Block für Linkshänder zu empfehlen. Darauf kann auch die individuelle Blattlage des Kindes ausprobiert und aufgezeichnet werden.

Bedingt durch die Schriftrichtung von links nach rechts besteht beim linkshändigen Schreiben bei falscher Handhaltung die Gefahr des Verwischens der Tinte. Die Ursache ist, dass in der ersten Zeit des Schreibenlernens mit dem Bleistift die Handhaltung diesbezüglich häufig nicht korrigiert wird (Bleistift verwischt nicht!). Darum ist es sehr wichtig, von Anfang an auf eine Haltung der Hand unter der Zeile zu achten. Als Erinnerungsstütze für das Kind kann man den Eltern empfehlen, an das Bleistiftende einen Gummifaden zu binden, der an seinem anderen Ende mit einem Klip an der linken Schulter des Kindes befestigt wird, sodass die richtige Richtung des Stiftendes eingeprägt wird.

Auch Schreiben auf einer hoch aufgehängten Wandtafel ist hilfreich, da das Kind bei hoher Hängung „von unten schreibt" und gleichzeitig durch das Verwischen die Handhaltung korrigieren kann.

Kinder, bei denen zu spät versucht wird, die Haltung zu korrigieren, können sogar mit Gleichgewichtsstörungen und Übelkeit reagieren und lehnen dann Schule und Schreiben völlig ab. Sie können bei der neuen, zwar eigentlich „richtigen" Blattlage die Zeile nicht einhalten, und die Schrift wirkt zittrig und ungelenk (siehe Abbildung „Wut" – von dem Kind selbst ausgesuchtes Wort).

Eingeübte Handhaltung:
geschrieben mit gerader Blattlage und
zu steiler, steifer Handhaltung

Erwünschte, neue Handhaltung:
geschrieben mit Blattlage um 30 Grad
nach rechts gedreht und in lockerer,
theoretisch richtiger Handhaltung

Bei diesem linkshändigen Kind wurde in der ersten Klasse, ca. 12 Wochen nach Schulbeginn, versucht, die zu steile Handhaltung [siehe Zeichnung (d) der Schreibhaltungen] zu korrigieren und das Blatt um 30 Grad nach rechts zu drehen. Das Kind reagierte wie oben beschrieben, und eine Schriftprobe (Abbildung „Wut") zeigte sehr deutlich die Unfähigkeit, die bereits neurophysiologisch und feinmotorisch festgelegte Schreibhaltung zu ändern. Das Kind hat die steile Handhaltung beibehalten, die Beschwerden sind sofort zurückgegangen, und es hat sich sehr gut entwickelt und hat eine schöne Schrift.

Kurz vor der Einschulung beginnen viele Kinder mit den ersten Schreibversuchen. Das ist auch der Zeitpunkt, an dem begonnen werden sollte, das Kind vorsichtig zur richtigen Stift- und Blatthaltung hinzuführen.

Bereits eingeübte, ungünstige Handhaltung zum Schreiben mit dem Füller bei einem siebeneinhalbjährigen Kind (Ende 1. Schuljahr)

Üben einer lockeren, empfehlenswerten Schreibhaltung

VORLAGE CLAUDIA

1. Versuch CLAUDIA CLAUDIA

2. Versuch CLAUDIA

3. Versuch CLAUDIACLAUDIA

4. Versuch CLAUDIACLAUDIA

Die Schreibproben eines sechsjährigen Mädchens in für es ungewohnter Schräglage des Blattes und Handhaltung unter der Zeile zeigen, wie es ihm unter Anleitung mit jedem Versuch besser gelingt, die Zeile einzuhalten und nicht mehr in dem ungünstigen eingelernten visumotorischen Muster zu schreiben.

3.2 LOCKERUNGSÜBUNGEN

„Wichtig sind auch Lockerungsübungen der Schreibhand und Zeichenübungen, die die Bewegung von links nach rechts, entsprechend der Schriftrichtung, nachvollziehen" (Sattler, 1989, S. 143).

Eltern, die ihrem linkshändigen Kind helfen wollen, möglichst ohne Komplikationen die richtige Schreibhaltung zu erlernen, wird empfohlen, mit dem Kind möglichst regelmäßig kurze Schwungübungen zu machen – 5 bis 10 Minuten, mehr nicht.

Beispiele für Lockerungsübungen (immer von links in Schriftrichtung beginnen, nie umgekehrt):

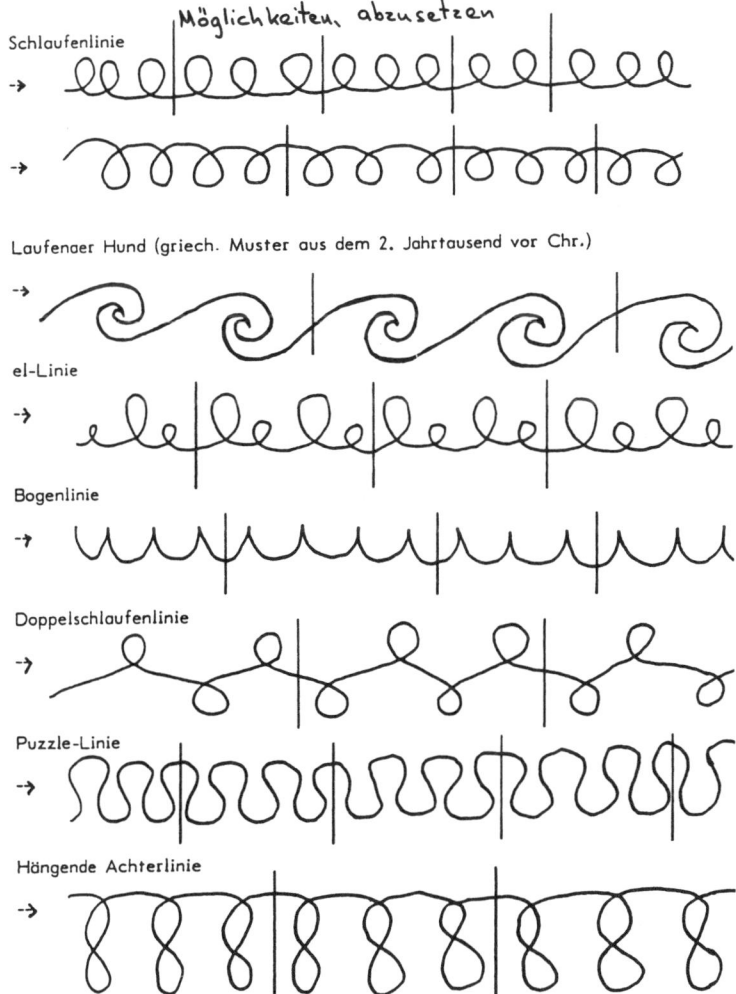

Schlaufenlinie

Laufenaer Hund (griech. Muster aus dem 2. Jahrtausend vor Chr.)

el-Linie

Bogenlinie

Doppelschlaufenlinie

Puzzle-Linie

Hängende Achterlinie

39

Diese Übungen sollen dem Kind Spaß machen und farbig sein (lange Buntstifte verwenden, damit auffällt, ob das Stiftende auch richtig zur linken Schulter gerichtet ist). Zur Belohnung können besonders gelungene Zeichnungen aufgehängt oder durch andere Anerkennungsgesten ausgezeichnet werden. Wichtig ist, dass jemand aus der Familie, ein Elternteil oder eine nahe Bezugsperson, immer daneben sitzt, um die Haltung zu beobachten und spielerisch zu korrigieren.

Die Übungen können am Anfang noch so gestaltet werden, dass der Erwachsene die Linie mit einem Stift vorzeichnet und das Kind mit verschiedenen Farben die Linie zu einem mehrfarbigen Band nachzeichnet. Um dem linkshändigen Kind zu verdeutlichen, warum es diese Haltung üben soll, ist auch empfehlenswert, ihm ein Schreibgerät zu geben, das zu Verwischungen führt, z. B. das Kind einmal mit einem Füller schreiben zu lassen.

Sehr wichtig ist es, dass die vorgegebenen Linien bei den graphomotorischen Übungen *nicht* über die ganze Breite durchgezogen, sondern mehrmals unterbrochen werden, sodass das Kind immer wieder absetzt. Dabei lockert sich die Muskulatur der Hand, Verkrampfungen werden vermieden bzw. reduziert und das Kind lernt regelmäßig mit dem Handballen nachzurutschen[1]. Ansonsten beobachtet man häufig, dass die Hand immer „länger" wird, d. h., dass nicht nachgerutscht, sondern versucht wird, durch Streckung der Finger, die den Stift halten, ohne abzusetzen, bis zum Ende der Zeile die Linie durchzuzeichnen. Das ist sehr ungünstig, denn so kommt es zur Verkrampfung der Muskulatur und nicht zur Angewöhnung einer lockeren Hand mit Absetzen und Muskelentspannung.

Wenn das Kind geschickter geworden ist, kann es die Form selber entwickeln. Die Aufmerksamkeit soll auf die richtige und möglichst lockere Handhaltung gerichtet sein, nicht auf eine schwierige Linienform oder gar Buchstaben. Es ist wichtig, das Selbstbewusstsein des linkshändigen Kindes zu steigern, z. B. indem die Eltern auch selbst einmal versuchen, mit links zu zeichnen und zu schreiben. Der Erwachsene erlebt dann an sich selbst, wie sich die richtige Schreibhaltung mit links anfühlt und wann die Hand locker ist. Und das Kind ist stolz, dass es die Zeichnungen viel schöner schafft. Eltern, die gerne weitere Anregungen haben möchten, kann man die graphomotorischen Übungen von Friedhelm Schilling und Suzanne Naville[2] oder das Schreib-Lern-Heft A von Pelikan (von 5–7 Jahren) empfehlen.

---

1 Mai, Norbert: „Warum wird Kindern das Schreiben schwer gemacht? Zur Analyse der Schreibbewegungen". In: Psychologische Rundschau, 42 (1991), Göttingen, S. 12–18.

2 Schilling, Friedhelm, Spielen – Malen – Schreiben. Marburger Graphomotorische Übungen. verlag modernes lernen. Dortmund, 1990[9]
Naville, Suzanne (Text), Marbacher, Pia (Bild), Vom Strich zur Schrift. Ideen und Anregungen zum graphomotorischen Training. verlag modernes lernen. Dortmund, 1991[3].

3 6 FF080

Frank   ꟼITᴙAM

Manche Kinder schreiben am Anfang hin und wieder Spiegelschrift, d. h. sie schreiben die Buchstaben seitenverkehrt, z. B. „d" statt „b", oder beginnen zunächst ihren Namen oben in der rechten Ecke nach links in Spiegelschrift zu schreiben. Das ist bei linkshändigen Kindern angeboren und ist eine Eigenschaft, die in der Schule dann meistens schnell verschwindet.

Wenn Schulkinder nach dem Schreibenlernen weiter Buchstaben verdrehen, kann das ein Hinweis auf Umschulungsversuche auf die rechte Hand sein oder ein Indiz für eine Legasthenie. Vor der Einschulung bei einem linkshändigen Kind, das Spiegelschrift schreibt, auf eine *Legasthenie* bzw. eine Lese- und Rechtschreibschwierigkeit zu schließen wäre verfrüht. Legasthenie bzw. eine Lese- und Rechtschreibschwierigkeit *ist eine Teilleistungsstörung, die genau so bei linkshändigen wie bei rechtshändigen Kindern vorkommt,* die aber von der normalen Händigkeit unabhängig ist[1]!

Die bei linkshändigen Kindern auftretende Spiegelschrift hängt vielmehr mit der „anders herum" verlaufenden Blickbewegung bei Linkshändern – von rechts nach links – zusammen und wahrscheinlich auch mit deren größerer Fähigkeit der Raumwahrnehmung.

---

1 Umschulungsversuche der Händigkeit können allerdings eine Legasthenie verstärken bzw. die Umschulung der Händigkeit kann bei einem Kind ohne Legasthenie diese hervorrufen.

Entsprechend lesen diese Kinder manchmal ganze Wörter von rechts nach links und fangen folgerichtig oben rechts auf dem Blatt zu lesen an[1].

Es kann notwendig sein, die Eltern zu beruhigen, die diesem Phänomen erstmals gegenüberstehen und manchmal dadurch höchst irritiert sind. Man kann ihnen eventuell auch den Tipp geben, mit Büchern von Sigrid Heuck (siehe Literaturliste) die Richtung unserer Schrift zu üben. Diese Bilderbücher sind so gestaltet, dass in dem Text kleine Bilder eingefügt sind, die einzelne Wörter ersetzen, wodurch auch Kinder, die noch nicht so gut lesen können, die Schriftrichtung von links nach rechts verhältnismäßig leicht einüben können. Erfahrungsgemäß stellt sich das linkshändige Kind schnell auf die Schriftrichtung ein, und derartige Fehler verschwinden von selbst.

Es mag ein Trost für Eltern sein, dass der wohl berühmteste Linkshänder, Leonardo da Vinci, in seinen anatomischen, technischen und sonstigen Schriften Spiegelschrift schrieb. Dies ist vielleicht ein Impuls für Eltern, dass das keine Tragödie ist. Es sollte aber nicht zur Förderung dieser Eigenschaft kommen, denn das würde das Kind verwirren. Es soll in unserer Schriftrichtung schreiben und lesen lernen – und die ist von links nach rechts.

Zur *Schriftrichtung* gehört auch die richtige Ausführung von Buchstaben.

Beispiele: **richtig**   **falsch**

Linkshändige Kinder neigen ihrer Veranlagung gemäß dazu, die Buchstaben von rechts nach links und nicht von links nach rechts zu schreiben. Daher muss von

---

1 Der Ursprung dieser Blickbewegung ist nicht in der direkten Augenführung zu suchen, sondern in neurophysiologischen Vorgängen im Gehirn.

Anfang an darauf geachtet werden, dass das linkshändige Kind sich nicht die falsche Schreibrichtung von Buchstaben angewöhnt.

Das Kind soll lernen, die Auf- und Abstriche bei den Buchstaben so zu schreiben, dass es später in einem Zug Schreibschrift schreiben kann. Das bedeutet, dass es, ohne abzusetzen, Anschluss zum nächsten Buchstaben findet und nicht, von rechts beginnend, sich falsches Schreiben von Buchstaben angewöhnt und dann in Druckbuchstaben schreibt.

Bei richtiger Handhaltung und Lage des Heftes wird das *Schriftbild* manchmal steil bis leicht linksschräg. Man sollte diese Kinder gewähren lassen, denn so können sie beim Schreiben ziehen und müssen nicht stoßen, was bei Rechtsneigung der Schrift erforderlich ist. Wenn linkshändige Kinder zu stark zu einer Rechtsneigung der Schrift angehalten werden, kann es zu einem richtiggehenden Kippen der Buchstaben nach rechts kommen.

Schriftprobe eines linkshändigen Kindes, Ende 1. Jahrgangsstufe, mit linksschrägem Buchstaben „l".

Mit der Spiegelschrift in Zusammenhang steht auch die so genannte *Raum-Lage-Labilität*. Das ist eine Links-Rechts-Unsicherheit. Um dem Kind die dauernde Unsicherheit und das Gefühl des Versagens hier zu ersparen, ist eine Fixierung z. B. auf das Herz in der linken Brust, einen Ring am linken Finger oder die Armbanduhr hilfreich (Sattler, 1989, S. 144).

„Bei Versuchen, den Kindern die Unterscheidung von links und rechts beizubringen, wird meist das Gesetz der Ähnlichkeitshemmung (Ranschburgsche Hemmung) nicht beachtet, d. h., *in unmittelbar zeitlicher Nähe* wird den Kindern gezeigt, was rechts und was links ist. Dabei werden in schneller Abfolge Hinweise und Fragen an das Kind gerichtet, wie zum Beispiel: ,Rechts von dir ist das Fenster und links die Tafel. Kannst du dir das merken? Wo ist das Fenster? Wo ist die Tafel?' Auf diese Weise *wird bei dem Kind die Verwirrung nicht abgebaut*, im Gegenteil!

Hilfreicher für diese Kinder ist es, wenn sie sich nur auf eine Richtung (z. B. rechts) festlegen und ihnen auf unterschiedliche Art und Weise (z. B. motorisch und kognitiv) nur diese vorher festgelegte Richtung vermittelt wird" (Meyer, 1991, S. 52).

So ist es sinnvoll, auf verschiedenen Wahrnehmungsebenen (visuell, akustisch, taktil) rechts oder links festzulegen. Dabei vollzieht sich ein neurophysiologischer Lernvorgang, bei dem es durch Aktivierung der verschiedenen Wahrnehmungskanäle zu einer stärkeren Vernetzung und einer besseren Verankerung im Gehirn kommt (ein Mittel, das bevorzugt in der Suggestopädie angewandt wird).

Beispiele:

Visuell: Verbunden mit einer bestimmten Farbe, steht auf einem großen Plakat in der linken Ecke des Schulzimmers oder an dem linken Fenster (nur wenn alle Sitzplätze auch nach vorne ausgerichtet sind) das Wort „links".

Taktil: Wer kann mit der linken Hand am längsten sein Heft halten?

Akustisch: durch einen Spruch, „Links kommt von Herzen", ein Lied, ein Gedicht.

Der Kakadu

Hebt hoch das linke Bein
und lasst uns fröhlich sein.
Hebt hoch das Schwesterlein,
auf den linken Arm.
Links kommt von Herzen,
das ist nicht zum Scherzen,
das weiß selbst der kluge Kakadu,
der gerne Hände hätte so wie du.

Bei manchen linkshändigen Kindern – besonders bei umgeschulten – bleibt die Gefahr des Verwechselns von links und rechts in *Stresssituationen* bis ins Erwachsenenalter bestehen, und zwar immer dann, wenn mehrere Tätigkeiten gleichzeitig gefordert sind (besonders beim Sprechen, Schreiben und Lesen); beim Zeigen allein nicht.

Auch das *Zahlenverdrehen*, dem durch unsere umgekehrte Nennung beim Sprechen noch Vorschub geleistet wird, kommt bei Linkshändern manchmal vor. Bei Rechenaufgaben kann es so zu Fehlern kommen, die auf Zahlenverdrehern beruhen, wobei aber ansonsten richtig gerechnet wurde. Zum Beispiel:

31 + 17 = 30   Richtig wäre natürlich die Zahl 48, aber gerechnet wurde
13 + 17 = 30.

Zur Raum-Lage-Labilität gehört eine Unsicherheit bei der Unterscheidung von oben und unten, sodass manche linkshändige Kinder beim Malen und ersten Schreiben oben und unten verwechseln – also horizontal spiegeln.

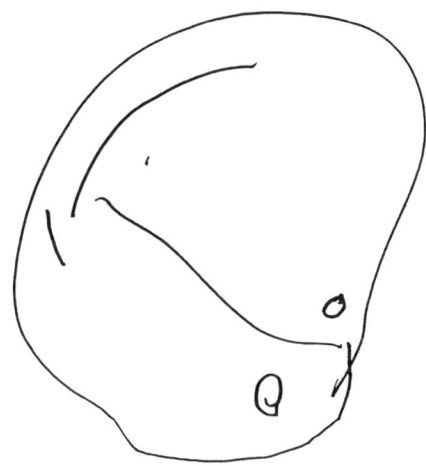

Stefanie
12. 11. 86
♀ 3 Jahre

Vorlage

Abschrift des links-
händigen Kindes
(kurz vor Schuleintritt)

Wenn das Kind auf einen Unterschied zwischen Vorlage und seinem Schreiben angesprochen wird, sieht es keinen. Es nimmt den Unterschied in dem Moment nicht wahr. Das ist typisch und nicht willentlich beeinflussbar. Diese Störung verschwindet meist sehr schnell.

Bei manchen Kindern, besonders bei umgeschulten Linkshändern, können Reste der Raum-Lage-Labilität bestehen bleiben, sodass beim schnellen Schreiben und unter Stress, z. B. statt einem „b" oder „d" ein „g" oder umgekehrt geschrieben wird – also ein Verdrehen, ein Kippen um die Horizontale. Auch umgeschulte Linkshänder können bis ins Erwachsenenalter dazu neigen.

3.4 HINWEIS AUF SINNVOLLE GEBRAUCHSGEGENSTÄNDE FÜR LINKSHÄNDER

In den meisten Fachgeschäften sind *Füller* für Linkshänder erhältlich, deren Feder rechts etwas abgeflacht ist, sodass beim Schreiben das Papier nicht aufgerissen wird, denn der Linkshänder „schiebt", im Gegensatz zum Rechtshänder, der die Feder über das Papier „zieht".

Schnell trocknende *Filzstifte* verhindern das Verwischen und sind bei Kindern, bei denen nicht rechtzeitig auf die Schreibhaltung von unten geachtet wurde und die daher zum Verwischen neigen, eine mögliche Alternative, um das Kind nicht zu akrobatischen Verrenkungen der Hand zu zwingen. Manche nicht umgeschulte erwachsene Linkshänder schildern diese verkrampfte Haltung als das einzig Problematische in ihrem ansonsten als völlig normal empfundenen linkshändigen Leben.

Federn zum *Kalligraphieren* für Linkshänder werden von den Firmen rotring, Osmiroid und Sheaffer hergestellt (siehe Adressenliste). Die Feder ist in diesem Fall nach links abgeschrägt. Anleitungen zum Kalligraphieren mit der linken Hand sind in der Literaturliste aufgezählt.

Weiter gibt es *Spitzer* und *Lineale* extra für Linkshänder, die allerdings nur in Spezialläden für Linkshänder zu beziehen sind bzw. die man bestellen kann (siehe Adressenliste). Im Unterricht sind diese Geräte insofern sinnvoll, als beide wieder den typischen Eigenschaften des Linkshänders entgegenkommen. Der Spitzer dreht nach außen und das Lineal zählt von rechts nach links, so wie es zum Zeichnen mit der linken Hand adäquat ist. Diese Lineale sind aber besser erst in höheren Klassen zu verwenden, wenn sich das linkshändige Kind an die ihm „gegen den Strich laufende" Schriftrichtung gewöhnt hat. Bei Schulanfängern hingegen sollte die Richtung von links nach rechts geübt werden. Ein solches Lineal könnte eventuell verwirrend für das Kind sein.

Linkshänderscheren sind wichtig. Bei diesen Scheren kann das Kind genau auf die Schnittlinie sehen und muss dazu nicht die Hand verdrehen – dies hingegen geschieht, wenn es eine Rechtshänderschere links benutzt. Weiter sind Schliff und Hebeldruck der Schnittflächen bei einer Linkshänderschere anders als bei der Rechtshänderschere, und oft ist der Griff für Daumen und Zeigefinger anders geformt. Auch Linkshänderscheren kann man heutzutage – ebenso wie Füller – in den meisten Fachgeschäften kaufen.

Eine Linkshänderschere sollte dem Kind nicht erst dann gegeben werden, wenn sich die Eltern ganz sicher sind, dass es sich zu einem Linkshänder entwickelt, oder gar erst bei Schuleintritt. Linkshändige Kinder und Kinder, die dazu neigen, die tätige Hand zu wechseln, sollten von Anfang an eine gut funktionierende Linkshänderschere haben und nicht erst dann, wenn sich das Kind schon daran gewöhnt hat, mit der rechten Hand zu schneiden, weil die rechtshändige Schere besser funktioniert. Auch eine oder zwei schlecht funktionierende Linkshänderscheren als Alibi in Kindergarten und Schule sind oft der Grund dafür, dass linkshändige Kinder mit der rechten Hand schneiden.

Stühle gibt es mit Collegeplatten auch auf der linken Seite, die im Musikunterricht manchmal Verwendung finden. Sie werden nach unseren Informationen ohne Aufpreis auf Anfrage von verschiedenen Firmen hergestellt (Sattler, 1989, 142).

Bei *Taschenmessern* ist die Kerbe, um das Messer aufzuklappen, an der rechten Seite, sodass die Schneide bequem mit der linken Hand hochgezogen werden kann und weniger Verletzungsgefahr für das linkshändige Kind besteht.

Weitere sinnvolle Gebrauchsgegenstände für Linkshänder sind im Haushalt: Kartoffelschäler, Dosenöffner, Suppenkelle, Küchen- und Brotmesser und Korkenzieher.

Tassen für Linkshänder sind eigentlich unsinnig. Aber leider werden viele Kindertassen nur auf einer Seite bemalt, sodass das Kind, um die Zeichnung zu sehen, die Tasse zwangsläufig in die rechte Hand nehmen muss.

Musikinstrumente siehe Kapitel 5.2.

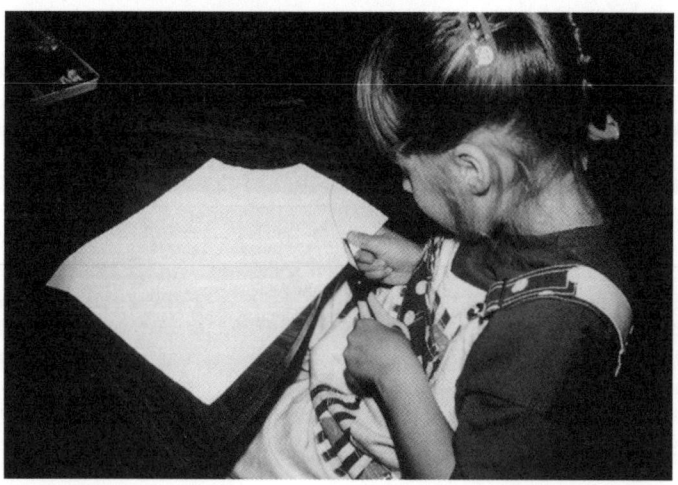

KAPITEL 4:   H Ü R D E : SCHREIBLEHRGÄNGE

Für manche linkshändige Kinder werden Übungsblätter mit Buchstaben und ersten Wörtern, die in Schreiblehrgängen für Schulanfänger oft benutzt werden, zu einem unerwarteten Problem.

Problemstellung:

1. Der in der wünschenswerten Schreibhaltung (siehe Kapitel 3) nachzuschreibende Buchstabe steht nur links als Muster vorgeschrieben. Das Kind verdeckt den Musterbuchstaben beim Üben des Buchstabens über die Zeile hin, je mehr es nach rechts kommt.

2. Manchmal ist der Buchstabe auf der oberen Blattseite noch einmal abgebildet, dabei fehlt aber die Linierung, sodass das Kind nicht ganz sicher ist, ob es die Linierung richtig einhält.

3. Ganze Worte sind nur in der Übungszeile abgedruckt, das Kind muss sich immer verkrümmen, um sie lesen und nachschreiben zu können.

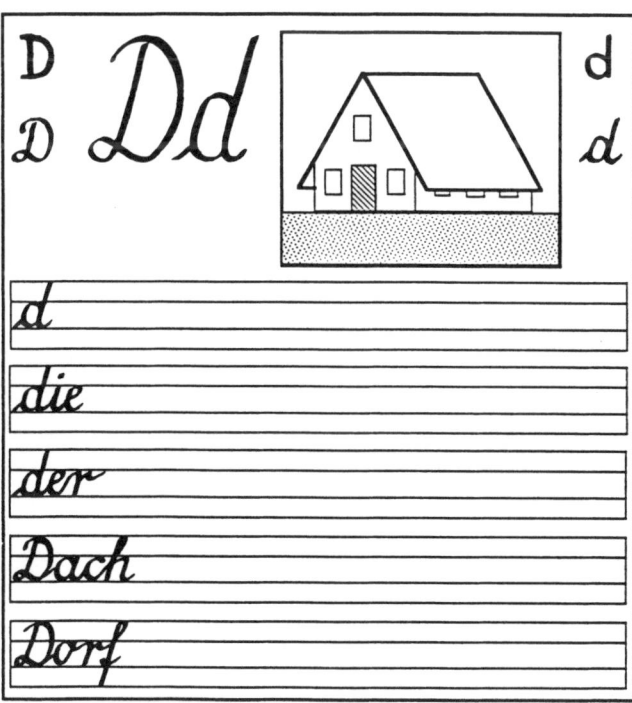

Einfache Abhilfen bzw. Lösungsmöglichkeiten, die der Lehrer leicht durchführen kann oder mit denen auch die Eltern betraut werden können, sind:

a) Buchstaben oder Wörter am Ende der Zeile rechts wiederholt hinschreiben, sodass das Kind sie immer sehen kann. Auf der linken Seite soll ein Pfeil in der Schriftrichtung gezeichnet werden, sodass das Kind nicht versehentlich von rechts zu schreiben beginnt.

b) Wenn Platz ist, kann eine Kopie von dem Buchstaben oder dem Wort im oberen Kasten mit den entsprechenden Zeilengrenzen eingeklebt werden.

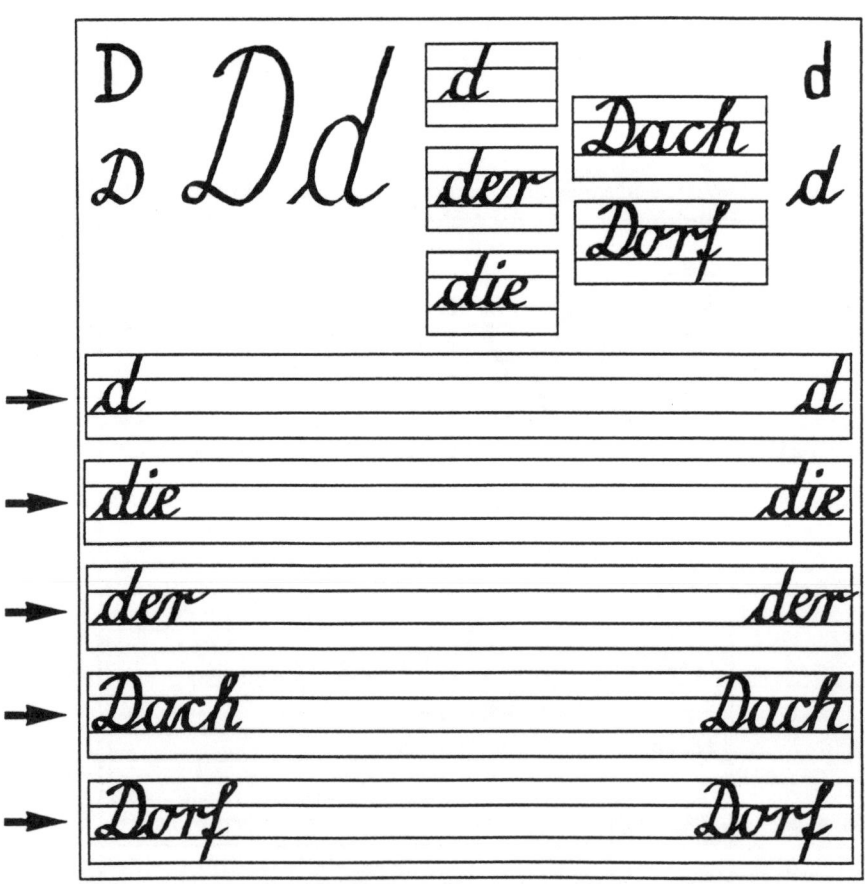

Sehr ungünstig für linkshändige Kinder beim Erstschreiben sind Übungsseiten, in denen auf einer Zeile zwei Buchstaben oder Wörter zum Üben vorgesehen sind:

Wenn hier versucht wird, Buchstaben oder Wörter rechts einzutragen, bleibt wenig Raum für das Schreiben des Kindes, und die Seite wird leicht unübersichtlich. Das ist ungünstig, denn das Kind lernt gleichzeitig auch eidetisch, d. h. durch das Sehen.

Fibeln und Schreiblehrgänge sind sehr geeignet, um frühzeitig linkshändige Kinder und ihre Eltern auf die richtige Schreibhaltung und Blattlage hinzuweisen, Hilfestellungen anzubieten und den Kindern so die so genannte „Hakenhaltung" der Hand und die Probleme mit dem Verwischen der Tinte zu ersparen.

5.1 DAS LINKSHÄNDIGE KIND IM HANDARBEITS- UND WERK- UNTERRICHT

Das linkshändige Kind handarbeitet umgekehrt im Vergleich zu rechtshändigen Kindern. Da die Erfolge für beide mit der dominanten Hand weit größer sind, sollte man den Kindern gleiche Chancen gewähren und sie so arbeiten lassen, wie sie sich besser fühlen.

Wenn es einem Lehrer besonders schwer fällt, seitenverkehrt anzuleiten, können eventuell ältere linkshändige Schüler hinzugezogen werden, die den jüngeren das Stricken, Häkeln und Sticken mit der linken Hand zeigen – pädagogisch positiver Effekt und Gefühl, als Linkshänder nicht so allein dazustehen (Sattler, 1989, S. 143).

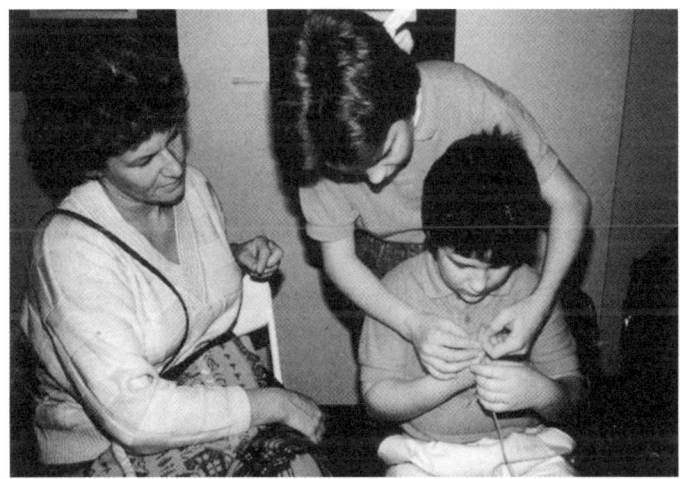

Sehr positive Erfahrungen wurden mit Kindergruppen gemacht, in denen zum linkshändigen Handarbeiten angeleitet wurde.

An sich ist das linkshändige Handarbeiten spiegelverkehrt zum rechtshändigen Handarbeiten. Manche Kinder können es selber umsetzen, wenn sie dem Lehrer gegenüber sitzen und es entsprechend abschauen.

Im Anhang findet sich eine Serie von Abbildungen zum linkshändigen Häkeln und Stricken, die Franziska Rossmann im Auftrag des Landschulrates für die Steiermark gezeichnet hat.

Linkshändige Kinder nähen und sticken seitenverkehrt. Hiermit haben aber Lehrer weit weniger Probleme, dies seitenverkehrt umzusetzen. Im Anhang findet sich eine Anleitung zum linkshändigen Sticken von Brigitte Sehardt. Handarbeitsbücher, die zum linkshändigen Stricken, Häkeln und Sticken anleiten, sind in der Literaturliste aufgezählt.

Inzwischen werden in Bayern und in der Steiermark Handarbeitslehrer in Fortbildungsveranstaltungen zum linkshändigen Handarbeiten und Werken angeleitet.

Beim Schneiden mit der linken Hand ist besonders bei Bögen darauf zu achten, dass das Kind von der richtigen Seite aus beginnt und dass sich der Bogen auf der rechten Seite der Schere krümmt (mit der rechten Hand umgekehrt). Das mit der linken Hand schneidende Kind soll also die Schnittlinie rechts neben der Schere sehen (das mit der rechten Hand schneidende Kind links neben der Schere).

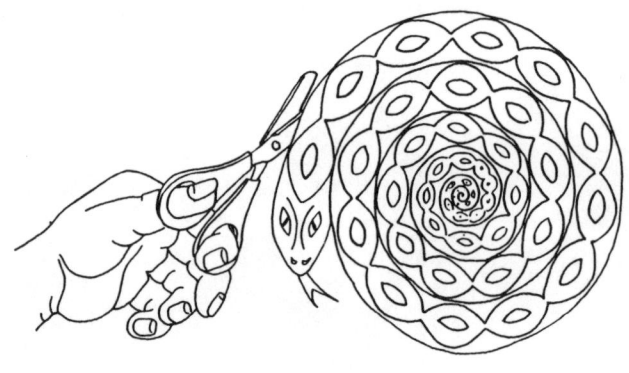

Nach einer Idee von den Handarbeitslehrerinnen der Mozart-Schule in Elsenfeld

54

Beim *Kordeldrehen* weist Brigitte Sehardt ausdrücklich darauf hin, dass, wegen der normalerweise rechtsgedrehten Wolle, Linkshänder zum Körper hin den Stift drehen müssen (Rechtshänder drehen vom Körper weg); ansonsten drehen Linkshänder erst die Wolle auf, müssen weit länger drehen, und die Kordel wird lockerer und länger als die nach rechts gedrehte.

Das *Schleifebinden* macht manchen linkshändigen Kindern Schwierigkeiten, und sie brauchen mehr Zeit, um es zu lernen. Daher kaufen manche Eltern ihren Kindern zum Beispiel Schuhe mit Klettverschlüssen, bis diese es gelernt haben. In den Zeichnungen von Franziska Rossmann sind zwei Arten, eine Schleife zu binden, dargestellt. Wahrscheinlich sind die Abbildungen 1 b–4 b die Art, die Linkshändern entsprechender ist, da hier die rechte Hand nur halten, die linke aber den Faden umschlingen und durchziehen muss. Wie jemand eine Schleife bindet, ist jedoch sehr davon abhängig, wie er es gelernt hat. Damit die Schleife waagerecht sitzt, ist wichtig, dass das schwarze Band in 2 a bzw. 2 b *untenherum geschlungen* wird, nicht obenherum. Wird das schwarze Band obenherum geschlungen, sitzt die Schleife senkrecht wie ein „Reiter".

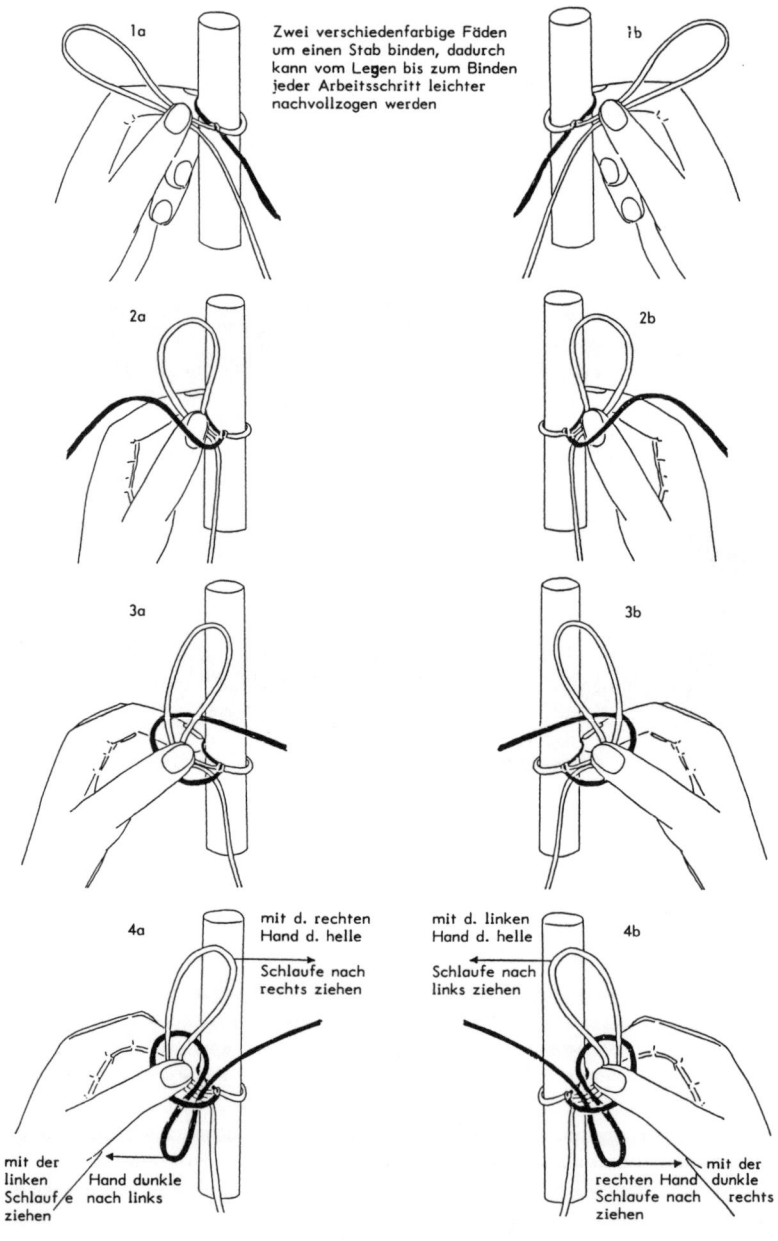

1a

Zwei verschiedenfarbige Fäden um einen Stab binden, dadurch kann vom Legen bis zum Binden jeder Arbeitsschritt leichter nachvollzogen werden

1b

2a

2b

3a

3b

4a

mit d. rechten Hand d. helle Schlaufe nach rechts ziehen

mit d. linken Hand d. helle Schlaufe nach links ziehen

4b

mit der linken Schlaufe ziehen

Hand dunkle nach links

mit der rechten Hand Schlaufe nach ziehen

dunkle rechts

Werkunterricht

Im Werkunterricht können z. B. beim Sägen Schwierigkeiten auftreten. Es ist darauf zu achten, dass die Sägeblätter keinen einseitigen Schliff haben. Feinsägen zur Rahmen- und Leistenherstellung in der Schneidelade gibt es mit einem Griff, den man umschrauben bzw. umklappen kann (Herstellerfirma Eberle).

Sägen mit der Feinsäge und der Gehrungsschneidlade

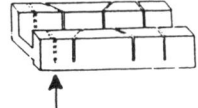

Für Linkshänder muss hier noch ein rechtwinkliger Ausschnitt eingesägt werden, wenn die Gehrungsschneidlade eine Anstoßvorrichtung für die Werkbank hat. Eine Gehrungsschneidlade ohne Anstoßvorrichtung kann zum Sägen so gedreht werden, dass die rechte Hand das Holz und die Schneidlade gut festhalten kann.[1]

Sägen mit der Laubsäge

Das Holzteil, welches ausgesägt werden soll, wird mit der rechten Hand gehalten bzw. von rechts nach links zum Sägeblatt gedreht.

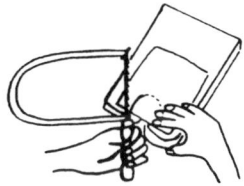

Zum *Raspeln* und *Feilen* mit der Holzraspel bzw. Holzfeile führt Brigitte Sehardt aus: „Der Linkshänder hält das Werkzeug mit der linken Hand im Haltegriff, die rechte Hand liegt flach am anderen Ende der Holzraspel. Der Schüler steht rechts vom Holzschraubstock in Schrittstellung (rechter Fuß ist vorn)."

Beim *Punzieren* hält die rechte Hand den Körner, die linke Hand den Schlosserhammer. Die Arbeitsrichtung ist unterschiedlich, d. h. der Schüler soll gute Sicht zur Punzierlinie haben.[1]

---

1 Lehrerfortbildung „Linkshändige Schüler in Textilarbeit und im Werkunterricht". 16. 11. 92 Unterschleißheim. Zeichnungen von Brigitte Sehardt.

57

Im Werkunterricht benutzte Gebrauchsgegenstände – wie Scheren, kalligraphische Federn und Messer – werden in Kapitel 3.4 behandelt.

Werkbank mit vier Arbeitsplätzen
für Linkshänder

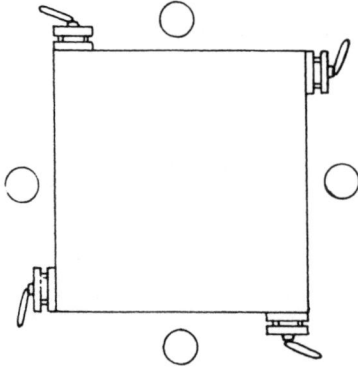

Werkbank mit vier Arbeitsplätzen
für Rechtshänder

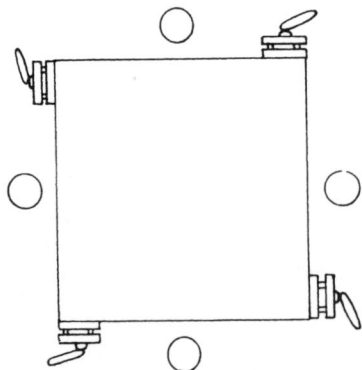

Zeichnungen von Brigitte Sehardt

Kunstgeschichtlicher Exkurs

Alte Musikantendarstellungen, z. B. aus der Renaissancezeit und dem Barock, zeigen, dass Linkshänder früher freiere Auswahl beim Gebrauch von Musikinstrumenten hatten.

Damals wurden Flöten in verschiedenen Handhaltungen gespielt. Manchmal so, wie es heute üblich ist, d. h. die rechte Hand spielt die tiefen Töne, aber auch umgekehrt, sodass die linke Hand die tiefen Töne greift.

In der „Musica Getutscht" von Sebastian Virdung, 1511, werden C-Flöten in linker und rechter Haltung gezeigt (Abbildung). Dafür waren von Anfang an zwei Löcher für den kleinen Finger gebohrt. Es war üblich, dass eines der beiden untersten Löcher, welches nicht gebraucht wurde, mit Wachs verschlossen wurde.

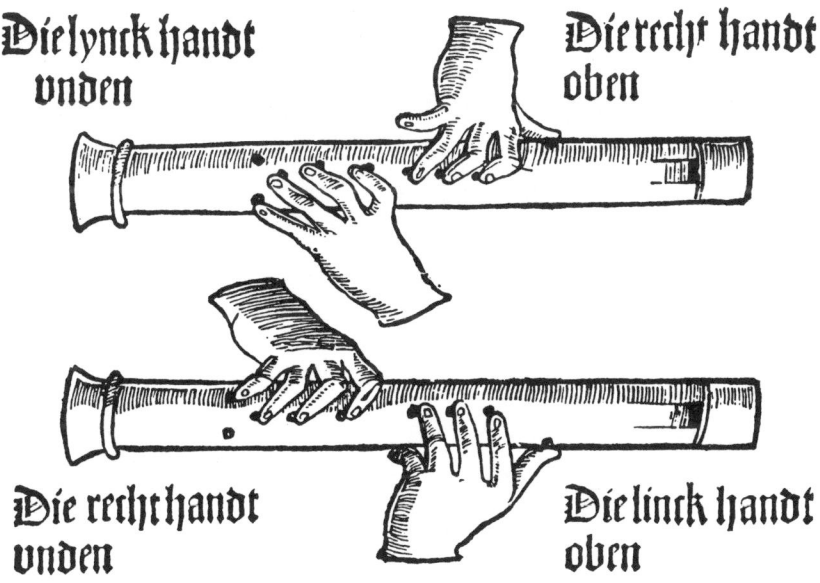

Aus „Musica Getutscht" von Sebastian Virdung, 1511. Das auf der Abbildung aus dokumentarischen Gründen an der Seite gezeichnete Daumenloch ist in Wirklichkeit immer auf der Rückseite des Instruments angebracht.

Verschiedene Handhaltungen beim Flöten. Abbildung aus der Flötenschule „La Fontegara" von Silvestro Ganassi, Mitte 16. Jahrhundert

Genau so wurde die Vorgängerin unserer Querflöte, die Flauto traverso, sowohl nach rechts – wie heute – als auch nach links gespielt. Auf manchen Grafiken sind sogar beide Haltungen gleichzeitig abgebildet.

Verschiedene Hand- und Richtungshaltungen beim Flöten. Grafik von Urs Graf, 1523

Heutzutage gibt es *Blockflöten,* die speziell für Linkshänder hergestellt sind, d. h. die Handhaltung ist umgekehrt, die tiefen Töne werden von der dominanten Hand gespielt.

Sopranblockflöten (C-Flöten) aus Holz mit deutscher und barocker Griffweise gibt es für Linkshänder bei der Firma Moeck (ohne Aufpreis), der Firma Mollenhauer (mit Aufpreis auf Anfrage) und bei der Firma Hohner (auf Anfrage). Gute Musikgeschäfte führen diese Flöten bzw. können sie bestellen. Die Unterschiede zwischen barocker und deutscher Griffweise sind aber komplizierter, als hier dargestellt werden kann. Interessenten wird empfohlen, sich Fachinformationen in guten Musikgeschäften oder direkt bei den Herstellerfirmen einzuholen.

Die sehr preisgünstigen Plastikblockflöten gibt es bisher nicht für Linkshänder – diese Flöten werden gegossen, und man kann die Löcher nicht anders bohren. Nur die Firma Mollenhauer fertigt eine C-Flöte (Prima) mit Plastikmundstück und hölzernem Griffteil an, die auch für Linkshänder lieferbar ist.

Bei dreiteiligen Sopranflöten, wie sie u. a. von der Firma Yamaha in Plastik angeboten werden, gilt das Gleiche wie für die Altflöten (siehe unten): Man könnte sie zwar zur linken Hand drehen, aber die Doppellöcher können dann nicht exakt gegriffen werden. Sie sind also für linkshändige Kinder, die mit der linken Hand die tiefen Töne greifen, nicht geeignet!

Es gibt linkshändige Kinder, die sehr gut mit diesen umgestellten Flöten zurechtkommen und andere, die keine Schwierigkeiten mit „normalen" Blockflöten haben, die also mit der rechten Hand die tiefen Töne greifen.

Altflöten für Linkshänder bekommt man bei der Firma Moeck auf Anfrage zum Aufpreis von ca. 15 EUR, wobei es sich wieder um das unterste bzw. die beiden untersten Löcher handelt, die dann in Sonderanfertigung gebohrt werden. Obgleich Altflöten dreiteilig sind und man das unterste Loch durch Drehung einfach zur linken Seite herüberdrehen kann, funktioniert das nur bei den Altflöten, die für den kleinen Finger nur ein Loch vorgesehen haben, also kein Doppelloch oder eine Metallklappe.

Klappen für Alt-, Tenor- und Bassflöten in Linkshänderanfertigung gibt es bei der Firma Mollenhauer; sie müssen in Handarbeit umgebaut werden.

Die heutigen *Querflöten* können nur nach rechts gehalten werden. Es ist aber bekannt, dass häufig linkshändige Kinder spontan die Querflöte nach links gerichtet halten möchten, also umgekehrt, wie die heutige Querflöte angelegt ist, und so, dass die linke Hand größere Hebelstützfunktion hat. Sollte sie aber so gehalten werden, müsste man die Flöte umbauen, was sehr teuer wäre, da ein Extramodell angefertigt werden müsste.

Flauto traverso – die Renaissance-Querflöte aus Holz –, die z. B. von der Firma Moeck als Nachbau des historischen Instrumentes angeboten wird, kann als Tenorausführung ohne Schwierigkeiten nach links gehalten gespielt werden, wie man es auch auf alten Gemälden (siehe Abbildung) sehen kann. Bei der Bass-Flauto traverso müssen zwei Löcher anders gebohrt werden.

Einfache *Perinetventil-Trompeten* (ohne Zusatzeinrichtungen) können auch links gegriffen werden, wobei der Fingerhaken für den kleinen Finger der linken Hand (Spielhand) versetzt werden muss. Die Züge, in denen sich das Kondenswasser sammelt und die häufig sehr schnell bedient werden müssen, sind allerdings rechts angelegt.

Trompeten mit Zylinderdrehventilen und Druckvorkehrungen können nicht links gespielt werden und müssen umgebaut werden. Ein derartiger Umbau – so, dass mit der linken Hand gespielt werden kann, kommt heute durchaus vor und ist leichter durchzuführen als ein kompletter Umbau einer Perinetventil-Trompete. Bei komplizierten Bauarten mit diversen Zusatzeinrichtungen ist der Umbau natürlich aufwendiger.

Waldhörner werden grundsätzlich links gehalten und links gegriffen. Die rechte Hand im Schallbecher hatte früher die Aufgabe, die Tonhöhe zu erzeugen. Da die Tonhöhe aber heute durch die am Rohr angebrachten Ventile hervorgerufen wird, welche links gegriffen werden (die rechte Hand bleibt traditionell im Schallbecher), sind Waldhörner ideal für Linkshänder.

Die klassische *Zugposaune* ist ohne Schwierigkeiten links zu spielen. Instrumente mit Zusatzeinrichtungen, wie Umschaltventilen, müssten allerdings umgebaut werden.

Bei dem Erlernen eines jeden Musikinstrumentes ist es wichtig, dass der Lehrer über die Linkshändigkeit des Kindes Bescheid weiß und Rücksicht darauf nimmt. Ein umgestelltes und speziell für Linkshänder angefertigtes Instrument allein nutzt wenig, wenn der Lehrer nicht das Spielen darauf anleiten kann bzw. nicht bereit dazu ist.

Beim Erlernen eines Musikinstrumentes ist darauf zu achten, dass die linke Hand schneller lernt und der Linkshänder mit der rechten Hand länger üben muss. So gibt es für das *Klavier* Kompositionen, bei denen der linken Hand der schwierigere Teil zukommt. Zum Beispiel ist bei der Jazzart Boogie-Woogie eine besonders gute Ausbildung der linken Hand erforderlich, die rechte begleitet mehr oder weniger nur.

Inwieweit frühes Erlernen des Klavierspielens zu Umschulungsfolgen führen kann, ist noch nicht geklärt. Auf der anderen Seite scheint das beidhändige Spielen eines Instrumentes gerade Kindern, die zum Wechseln der Händigkeit neigen (MCD und Teilleistungsstörungen, siehe dazu auch Kapitel 7), eine gewisse Entspannung zu vermitteln.

Es gibt übrigens auch eine große Anzahl von Klavierstücken nur für die linke Hand oder für drei Hände. Diese Stücke wurden oft aus der Not des Verlustes des rechten Arms geschrieben, also nicht speziell für Linkshänder.

Akkordeons kann man nicht umstellen.

Die zeitweise sehr beliebten *Melodicas* für Kinder, hergestellt von der Firma Hohner, sind Flöten mit Klaviertastatur an der rechten Seite. Für Linkshänder kann man die Melodica-Pianos entweder in der Art „entschärfen", dass man das Instrument einfach umdreht und mittels des Anblasschlauches (er ist lang genug dazu) mit der linken Hand spielt oder das Instrument auf den Tisch legt. Dann ist es gleichgültig, mit welcher Hand gespielt wird. Keine Chance haben Linkshänder jedoch bei den anderen Melodica-Modellen und den *Clarinas,* die mittels Mundstück geblasen werden und somit keine Umstellung durch den Gebrauch eines Schlauchs ermöglichen.

Geigen (u. a. Streichinstrumente) und *Gitarren* können umgestellt werden, sodass die linke Hand den Bogen hält bzw. die Saiten anschlägt, denn mit diesen Tätigkeiten scheint der künstlerische Ausdruck besonders verbunden zu sein, während das richtige Greifen der Saiten eine akkurate, technische Tätigkeit ist (der Erfolg ist hauptsächlich vom Üben abhängig), die von der nicht dominanten Hand übernommen wird (Sattler, 1989, S. 143).

Gitarren umgebaut für Linkshänder, bietet die Firma Yamaha an („Jumbo für Linkshänder" Nr.: FG-450SLa und FG-420LA). Der Umbau einer Gitarre ist nicht sehr kompliziert und kann für den die linke Hand begünstigenden Gebrauch von Gitarrenbauern relativ einfach durchgeführt werden.

Ein vollkommener Umbau einer Geige für einen linkshändigen Künstler bedingt, dass der Kinnhalter versetzt und der Steg geändert werden muss (der Steg ist bei den tiefen Saiten etwas höher, damit die tiefen Saiten ausschwingen können), und weiter, dass die Saiten dann in umgekehrter Reihenfolge aufgezogen werden müssen. Des Weiteren sind in dem Korpus Verstrebungen asymmetrisch angebracht, die für das Mitschwingen des Instrumentes bei hohen und tiefen Tönen sorgen, und auch diese müssen seitlich andersherum eingebaut werden. Diese Umbauten müssen von einem Geigenbauer vorgenommen werden. Es ist Ermessenssache, ob man für ein Kind, das Interesse hat, Geige spielen zu lernen, von Anfang an so einen Aufwand treiben möchte oder zunächst nur Saiten und Kinnhalter umstellt und dann, wenn sich zeigt, dass Begabung und Interesse weiter gehend sind, erst diese fachmännischen Umstellungen veranlasst. Da aber Schulen oft Geigen an interessierte Kinder ausleihen, währe es wünschenswert und sinnvoll, wenn von den Schulen auch linkshändige Geigen angeboten würden.

Des Weiteren kommt es aber nicht nur auf das umgestellte Instrument an, sondern auch auf den Lehrer, der bereit und fähig ist, das Spielen dem Kind so beizubringen.

Übrigens spielten z. B. Paul McCartney und Jimmy Hendrix „umgekehrt" Gitarre. Charlie Chaplin hat sich seine Geige umgebaut.

Das Zupfinstrument *Zither* ist eher ungünstig für Linkshänder: Die linke Hand drückt die Saiten und die recht Hand zupft auch die nicht durch die linke Hand gegriffenen Saiten. Das bedeutet, dass die rechte Hand ziemlich komplizierte Mehrklänge vollziehen muss.

Günstiger für Linkshänder ist das im bayerischen Raum beliebte *Hackbrett,* bei welchem die Saiten von zwei Hämmerchen geschlagen werden und keine strikte Aufteilung der Aufgaben besteht. Ähnliches gilt für die *Harfe.*

Schlaginstrumente, wie z. B. Glockenspiel, Triangel, Xylophon, sollen möglichst mit der linken Hand geschlagen werden.

Orff-Instrumente: Wenn mit beiden Händen gearbeitet wird, sollte Rücksicht auf die Linkshänder genommen werden, d. h., dass die linke Hand die führende Stimme spielt.

Wichtig ist, dass der Musikunterricht den Kindern Freude macht und ihnen die Möglichkeit gibt, sich mit Musik und Musikinstrumenten zu beschäftigen und sie kennen zu lernen. Nicht jedes Kind macht daraus einen Beruf, aber für viele Kinder ist es wertvoll, die Erfahrung mit Musik gemacht zu haben. Es ist besser, ein Kind in der von Rechtshändern bevorzugten Art und Weise musizieren zu lassen, als, mangels eines entsprechend erfahrenen Lehrers, einem Kind dieses Erlebnis zu verwehren.

5.3 DAS LINKSHÄNDIGE KIND IM TURNUNTERRICHT UND BEI BEWEGUNGSSPIELEN

Bei Bewegungsspielen und rhythmischer Erziehung ist die spontane Drehbewegung des linkshändigen Kindes gerade „andersherum". Durch normierte Bewegungsabläufe, die dem Kind „gegen den Strich gehen", ist schon manchem linkshändigen Kind die Freude an der Bewegung zur Musik genommen worden (Sattler, 1989, S. 143).

Im Grundschulalter werden diese Bewegungen nicht auf Leistungssportfähigkeiten hin trainiert. Allerdings wird in dieser Zeit eine Basis für spätere komplizierte Bewegungsabläufe angelegt, wie es z. B. im Eiskunstlauf, Kunstturnen, Ballett, Kunstspringen, Diskuswerfen u. Ä. erforderlich ist. Diese Möglichkeiten zur späteren Flexibilität dürfen nicht verkümmern durch stereotype Bewegungsabläufe. Dies passiert vor allem dadurch, dass bestimmte Bewegungsabläufe, Schritte und Würfe nicht auch „andersherum" ausprobiert werden können und damit automatisch jede Chance verloren geht, in individuell „richtiger" Bewegungsrichtung auch gute Leistungen zu erbringen.

Oberbeck[1] fordert besonders für die so genannte Drehseitigkeit und für die Füße ein an Beidseitigkeit orientiertes Grundlagentraining, um die Chancen für „eine variable Verfügbarkeit koordinativer Fähigkeiten bei einer späteren Spezialisierung in einer Sportart" zu sichern.

Es ist bereits in der Grundschule wichtig, diese Phänomene nicht abzutun, sondern sich als Lehrer ihrer bewusst zu werden.

Drehseitigkeit:

Linksdrehung, bevorzugt von Rechtshändern

Die Drehung um die linke Schulter scheint die häufigere zu sein und wird dadurch auch mehr geübt, sei es z. b. beim Kunstturnen oder Diskus- und Speerwerfen, wo sie automatisch vom Wurf aus der rechten Hand heraus hervorgeht.

Rechtsdrehung, bevorzugt von Linkshändern

Für den Linkshänder ist die Drehung in diesen Sportarten umgekehrt. Die Rechtsdrehung scheint Linkshändern überhaupt näher zu liegen.

Die Drehseitigkeit hat auch mit dem bevorzugten Kurvenlaufen und -fahren zu tun, das von vielen Menschen eher nach links ausgeführt wird. Entsprechend werden Rennstadien mit Linksdrehung angelegt und benutzt.

Rechtshänder haben die Tendenz, beim Geradeauslaufen etwas nach Links von der Richtung abzuweichen und Linkshänder nach rechts. Dieser *Links-* bzw. *Rechtsdrall* wurde bereits zur Zeit von Alexander dem Großen dadurch korrigiert, dass ein Links- und ein Rechtshänder nebeneinander vorausmarschierten, um so die Richtung einzuhalten (damals gab es noch keinen Kompass, und es bestand die Gefahr, in der Wüste in einem großen Kreis zu laufen). Dieses Wissen wurde vom

1 Oberbeck, Heinz, Seitigkeitsphänomene und Seitigkeitstypologie im Sport. Schriftenreihe des Bundesinstituts für Sportwissenschaft, Band 68, Schorndorf, 1989, S. 173.

englischen Militär bei Nacht- und Wüstenmärschen (Kolonialreich) übernommen und zum Beispiel in dem Film „Der Flug des Phönix"[1] zitiert. Die Erklärung ist, dass beim Rechtshänder das rechte Bein etwas stärker entwickelt ist und daher auch weiter ausholt und er nach links tendiert. Beim Linkshänder ist das gerade umgekehrt.

Bei Kindern im Grundschulalter ist es wichtig, auf diese Eigenarten zu achten und Händigkeit zumindest als einen Faktor mit zu bedenken, so z. B. beim Staffellauf, bei welchem die Linkshänder richtig platziert werden sollten – nämlich möglichst hintereinander. Und die richtige Übergabe des Stabes an den nächsten Läufer sollte vorher besprochen und geübt werden, sodass es nicht durch falsches Zugreifen zwischen Links- und Rechtshändern zu zeitlichen Verzögerungen kommt.

Übrigens gibt es auch *Bumerangs* für Linkshänder, die entsprechend anders geformt sind.

---

1 Film von Robert Aldrich, The Flight of the Phoenix. USA, 1965.

KAPITEL 6: DAS UMGESCHULTE LINKSHÄNDIGE KIND

PROBLEME UND CHANCEN DER RÜCKSCHULUNG AUF DIE LINKE HAND

Auch heute kommt es immer noch vor, dass linkshändige Kinder auf den Gebrauch der rechten Hand umgeschult werden. Das kann im Kindergarten oder zu Beginn der Grundschule geschehen.

Im Elternhaus beeinflussen oft Eltern, Großeltern und nahe Verwandte die Linkshändigkeit des Kindes. Dies geschieht am häufigsten beim Essen, Malen und Schreiben.

Es kann aber auch geschehen, dass Kinder durch Nachahmungs- bzw. Anpassungsversuche, z. B. an ältere Geschwister oder an Spielkameraden, sich selbst auf rechts umstellen.

Es kommen auch Umschulungen von rechtshändigen Kindern auf links vor. Dies geschieht allerdings weit seltener. Gründe dafür können Nachahmungsverhalten, Einfluss der Umgebung, falsche Einschätzung der Händigkeit aufgrund der Dominanzlabilität bei zerebralen Störungen oder auch Ergebnis von Verletzungen sein. Die Folgen sind erfahrungsgemäß die gleichen wie bei umgeschulter Linkshändigkeit.

Dieses Kapitel ist aus verschiedenen Gründen äußerst wichtig:

– als Basiswissen über die Probleme vieler umgeschulter linkshändiger Kinder,

– um zu Hilfestellungen im Unterricht und im Elternhaus anzuregen und um bestimmte Phänomene in ihrem kausalen Zusammenhang bewusst zu machen,

– als Wissen über die Wirkung der Umschulung der Händigkeit auf das Persönlichkeitsbild des Menschen, das sich meist erst im Erwachsenenalter richtig ausformt und dann zu oft falsch oder nicht verstandenem sozialem Fehlverhalten und Missverständnissen führt,

– als Hintergrundwissen und Argumentationshilfe bei Elterngesprächen (Kapitel 8).

6.1 BASISINFORMATION ZUM PROBLEM DER UMSCHULUNG DER HÄNDIGKEIT

6.1.1 Phänomenklärung

Die Händigkeit ist Ausdruck einer bestimmten Dominanz im menschlichen Gehirn. Die rechte und linke Gehirnhälfte ist jeweils mit der gegenüberliegenden (kontralateralen) Körperseite verbunden. Die beiden Gehirnhälften (Gehirnhemisphären) werden durch einen Nervenstrang, den so genannten Balken (Corpus callosum), bestehend aus vielen Tausenden von Nervenbahnen, verbunden. Hier werden Informationen von einer Gehirnhälfte in die andere übertragen.

Da eine Umstellung der angeborenen Händigkeit *nicht zu einer Umstellung der Dominanz im menschlichen Gehirn führt,* kommt es zu einer Überbelastung der nicht dominanten Gehirnhälfte und zu Übertragungsschwierigkeiten im Corpus callosum, wodurch die verschiedensten *Primärfolgen* entstehen können:

- Gedächtnisstörungen (besonders Abrufen von Lerninhalten)
- Konzentrationsstörungen (schnelle Ermüdbarkeit)
- legasthenische Probleme (Lese- und Rechtschreibschwierigkeiten)
- Raum-Lage-Labilität (Links-rechts-Unsicherheit)
- Sprachstörungen (Stammeln bis zum Stottern)
- feinmotorische Störungen (z. B. Schriftbild)

Diese Primärfolgen können sich dann in unterschiedliche *Sekundärfolgen* umsetzen[1]:

- Minderwertigkeitskomplexe
- Unsicherheit
- Zurückgezogenheit
- Überkompensation durch erhöhten Leistungseinsatz
- Trotzhaltungen, Widerspruchsgeist, Imponier- und Provokationsgehabe (z. B. „Klassenkasperlespielen" im Unterricht)
- Verhaltensstörungen
- Bettnässen und Nägelkauen
- emotionale Probleme bis ins Erwachsenenalter mit neurotischen und/ oder psychosomatischen Symptomen
- Störungen im Persönlichkeitsbild.

---

1 Alle aufgeführten Primär- und Sekundärfolgen können selbstverständlich auch ohne eine Umschulung der Händigkeit auftreten, und zwar genauso bei Links- wie bei Rechtshändern. Durch eine zusätzliche Umschulung der Händigkeit werden diese Störungen, wie die Praxis zeigt, noch unverhältnismäßig verstärkt.

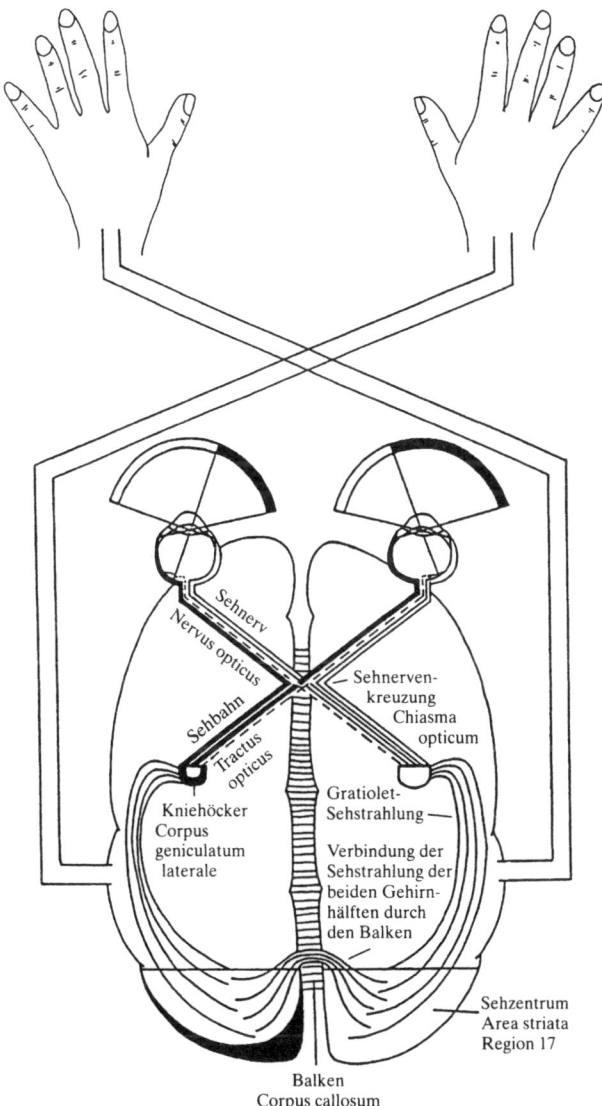

Kontralaterale, „gegenseitige" Verbindung der Gehirnhälften mit Händen und Augen.

J. B. Sattler. Erweiterte Darstellung aus: Sattler, Ikonographische und psychologische Aspekte der „Seitigkeit" in der Kunst. München, 1983, S. 113.

71

Besonders ist auf die Störungen im *Persönlichkeitsbild* hinzuweisen. Sie können in verschiedenen Ausprägungsgraden auftreten und verfestigen sich im Erwachsenenalter. Konflikte mit der Umwelt bleiben nicht aus. Nur selten und nur durch harte Arbeit an sich selbst können Jugendliche bzw. junge Erwachsene aus diesem Teufelskreis herausfinden. Erschwerend wirkt sich aus, dass der kausale Zusammenhang zwischen Umschulung der Händigkeit und den verschiedenen Verarbeitungsversuchen und Misserfolgen nicht wahrgenommen wird. Dafür werden Pseudoerklärungen herangezogen und Schuldzuschreibungen an unschuldige Personen oder Umstände gemacht.

6.1.2 Grundlageninformationen für Lehrer und Erzieher zur Klärung denk- und lernpsychologischer Phänomene im Unterricht

Die Umschulung der Händigkeit greift in *Gehirnprozesse* ein. *Die Intelligenz wird nicht vermindert, jedoch ihre Manifestation* gestört, z. B. beim Ausdrücken der Gedanken, beim Abrufen von Lerninhalten in Schrift und Sprache.

Hier kommt es, relativ früh, zu einer oft schmerzhaft empfundenen Diskrepanz zwischen der Wahrnehmung des Kindes, etwas zwar richtig zu begreifen und zu denken, es aber nicht (oder nicht angemessen) sprachlich oder schriftlich ausdrücken zu können. Manche Kinder erleben das wie einen „Wackelkontakt im Gehirn". Einmal funktioniert es hervorragend, ein anderes Mal kommt es zu einem Blackout.

Diese Diskrepanz führt dann – abhängig von den Persönlichkeitszügen des Kindes, aber auch durch Geschwisterkontakte und Familienumstände, Lehrer und Einflüsse durch die Schulklasse stimuliert –, zu den verschiedensten und unterschiedlich stark ausgeprägten Sekundärstörungen.

Diese erlebte Diskrepanz zwischen eigentlicher Fähigkeit und der Art und Weise, wie sie nach außen umgesetzt wird, führt oft zu massiven Kompensationserscheinungen. Manche reagieren mit dem inneren Zwang zu weit gesteigertem Leistungseinsatz. Dieser ist notwendig, um Gleiches wie die anderen zu erreichen, und wird oft zu einem Charakterzug (Demosthenes-Effekt, siehe Kap. 6.2.3).

Dieser Umstand ist aller Wahrscheinlichkeit nach für das Vorurteil verantwortlich, dass Linkshänder – unberücksichtigt, ob umgeschult oder nicht – intelligenter als Rechtshänder seien. Eine Behauptung, die man sicher so nicht einfach übernehmen kann und die erst dann richtig überprüft werden kann, wenn nicht mehr umgeschult wird und eine relativ homogene Linkshändergruppe mit einer ebensolchen Rechtshändergruppe verglichen werden kann.

Die übersteigerten Leistungsanstrengungen bei vielen umgeschulten linkshändigen Kindern und auch Erwachsenen werden mit einem schätzungsweise 30 Prozent größeren Kräfteeinsatz für die gleiche Schul- oder Berufsleistung abgegolten, was bei Kindern häufig zu einer unerwartet großen Schwankungsbreite der Noten führt und häufig auch zu einem relativ schnellen Abfallen der benoteten Leistung im Schuljahr – ein weiteres für das Kind, die Eltern und Lehrer oft unerklärliches Phänomen.

Schwankungsbreite der durchschnittlichen Leistung vieler umgeschulter linkshändiger Kinder während des Schuljahres:

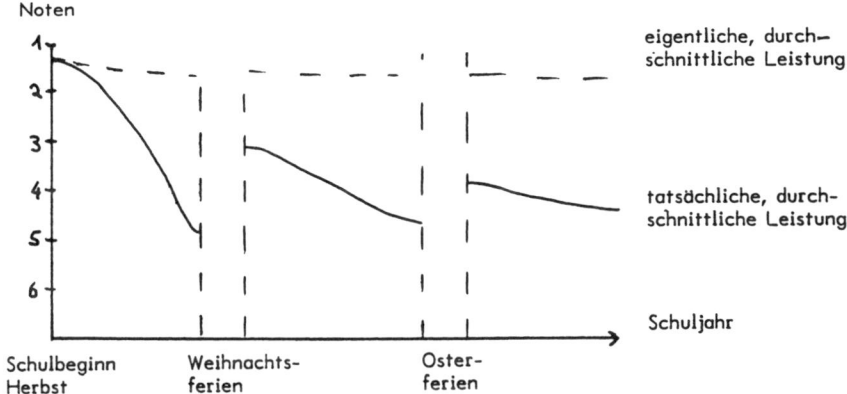

Viele Kinder reagieren darauf mit innerer Verzweiflung, die Umwelt manchmal mit Schimpfen und dem resignierenden Satz: „Ein blindes Huhn findet auch einmal ein Korn." Diese Erklärung schmerzt wieder das Kind, das sich ungerecht behandelt fühlt, denn es kennt seine eigentlichen Fähigkeiten und es zieht sich weiter zurück.

Andere Kinder geben früher auf und fallen dann massiv in ihren Leistungen ab.[1]

Hierin liegt auch eine Erklärung für die schwankenden Ergebnisse in *Intelligenztests.*

---

1 Weiter führende Literatur: Sattler, Johanna Barbara, Der umgeschulte Linkshänder oder Der Knoten im Gehirn. Auer Verlag, Donauwörth, 1995, 2005[9].

Beispiel eines Schülers aus der 4. Klasse – vor Übertritt ins Gymnasium:

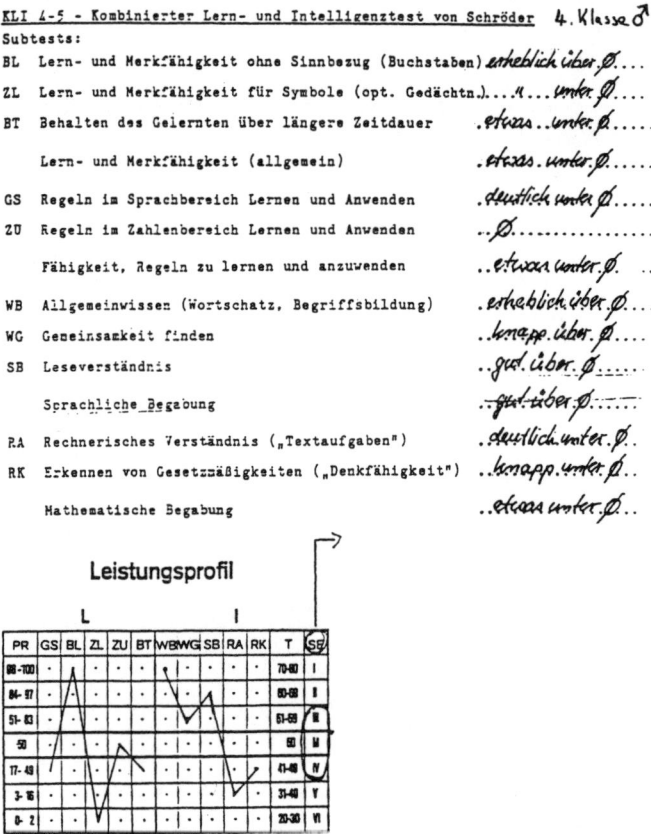

KLI 4-5 - Kombinierter Lern- und Intelligenztest von Schröder 4. Klasse ♂

Subtests:

BL Lern- und Merkfähigkeit ohne Sinnbezug (Buchstaben) *erheblich über.∅....*

ZL Lern- und Merkfähigkeit für Symbole (opt. Gedächtn.)....*.M...*unter ∅....

BT Behalten des Gelernten über längere Zeitdauer *.etwas..unter ∅.....*

    Lern- und Merkfähigkeit (allgemein) *.etwas.unter.∅......*

GS Regeln im Sprachbereich Lernen und Anwenden *.deutlich unter ∅.....*

ZU Regeln im Zahlenbereich Lernen und Anwenden *..∅.................*

    Fähigkeit, Regeln zu lernen und anzuwenden *..etwas unter.∅...*

WB Allgemeinwissen (Wortschatz, Begriffsbildung) *.erheblich.über.∅....*

WG Gemeinsamkeit finden *..knapp.über.∅....*

SB Leseverständnis *..gut.über.∅......*

    Sprachliche Begabung *..gut über ∅.....*

RA Rechnerisches Verständnis ("Textaufgaben") *.deutlich.unter.∅.*

RK Erkennen von Gesetzmäßigkeiten ("Denkfähigkeit") *..knapp.unter.∅..*

    Mathematische Begabung *..etwas unter.∅..*

Häufig zeigen sie in mündlichen Aufgaben weit bessere Leistungen als in schriftlichen. Ihre gemessene Intelligenz ist oft höher als ihre Ergebnisse im Lernteil.

Im HAWIK-Test haben sie oft im Handlungsteil bessere Ergebnisse als im Verbalteil.

Ursachen niedriger Werte können schnelle Ermüdung, frühes Nachlassen der Konzentrationsfähigkeit, aber auch die Länge der Aufgaben sein. Textaufgaben im Rechnen sind oft eine Qual und die Leistungen entsprechend niedrig.

Es kommt zu schlechten Noten in Diktaten u. a. durch langsameres Schreiben, Verkrampfungen der Hand (Feinmotorik) und damit bedingte Auslassungen. Typisch und oft geschildert ist, dass das Kind, das den Satz noch nicht fertig geschrieben hat,

74

in dem Moment, in welchem der neue Satz diktiert wird, den vorherigen Satz im Gedächtnis nicht weiter behalten kann. *Der neue Satz löscht den vorherigen aus.*

Weiter kommt es zu Rechtschreibfehlern durch Konzentrationsabbau und oft auch zu Buchstabenverdrehern.

Umgeschulte linkshändige Kinder haben häufig auch Probleme mit dem *lauten Lesen.* Es strengt sie sehr an. Das Gehirn kann nicht so schnell dem Inhalt folgen, und die Wörter werden bei nachlassender Konzentration z. T. in entgegengesetzter Schriftrichtung (Spiegelschrift) wahrgenommen. Daher erfinden diese Kinder neue Satzteile oder lesen verzerrte oder unsinnige Worte. Manche lernen den Text auswendig, um sich die Peinlichkeit im Unterricht zu ersparen.

Umgeschulte linkshändige Kinder sind häufig äußerst auf den Lehrer fixiert, und bei einem anderen Lehrer, im gleichen Fach, können die Beurteilungen sehr auseinander gehen.

6.1.3 Unterrichtspraktische Hinweise zur Hilfestellung

Um umgeschulten linkshändigen Kindern zu helfen, sind psychohygienische Maßnahmen wichtig. Die Kinder müssen lernen, mit den Schwierigkeiten umzugehen.

Sie brauchen Erklärung für ihre Probleme und Anerkennung ihrer Anstrengungen. Manchmal kann es für ein solches Kind und auch für die Eltern sehr entlastend sein, wenn in einem Intelligenztest festgestellt wird, dass der Intelligenzquotient normal oder sogar überdurchschnittlich hoch ist.

Weiter ist wichtig, diesen Kindern deutlich zu machen, dass das Gehirn lernt, mit den Schwierigkeiten umzugehen, und bis zum Alter zwischen 14 und 16 Jahren noch einen Reifungsprozess durchmacht. Dadurch gehen die Primärstörungen normalerweise in großem Umfang zurück. Es ist wichtig, dass Kind und Eltern die Hoffnung nicht aufgeben und dass sich die Eltern nicht enttäuscht ab- und vielleicht einem hoffnungsvolleren Geschwister zuwenden. Denn sonst fixieren sich Sekundärstörungen, die dann später ihr schwerwiegendes, negatives Wirkungspotential bekommen.

6.2 AUSWIRKUNGEN DER UMSCHULUNG DER HÄNDIGKEIT AUF ZWISCHENMENSCHLICHE BEZIEHUNGEN UND GESELLSCHAFTLICHE PROZESSE

6.2.1 Vorbemerkungen

Es erscheint äußerst wichtig, hier einen kurzen Exkurs auf die gesellschaftlichen Folgen der Umschulung der Händigkeit zu machen.

Durch mangelndes Problembewusstsein über die kausalen Zusammenhänge werden leider heute in unserer Gesellschaft die Folgen der Umschulung der Händigkeit häufig bagatellisiert. Viele umgeschulte Menschen, die auf der einen Seite massiv unter den Folgen leiden, sind sich der Zusammenhänge nicht bewusst. Daher sind sie oft stolz, vieles beidhändig ausführen zu können, und vertreten die Auffassung, dass ihnen an sich die Umschulung nicht geschadet habe.

Es sind weniger die Lehrer, die hier angesprochen sind, obgleich man früher auch von deren Seite diese Auffassung hören konnte. Es sind vor allem Eltern und Personen ohne pädagogische Ausbildung, die stark meinungsbildend sein können.

6.2.2 Beobachtungsskizzen aus der Beratungspraxis und der Psychotherapie

Wenn umgeschulte linkshändige Menschen willensstark und durchsetzungsfähig genug sind, werden sie sich in der Gesellschaft behaupten. Sie brauchen aber ständig weit mehr Energie, Leistungseinsatz und Konzentration, während nicht umgeschulte Linkshänder und Rechtshänder sich auf Routine und Automatismen verlassen können. Sie leben in ständiger Anspannung, im Kampf mit unvorhersehbaren Gedächtnisausfällen, kombiniert mit einer plötzlichen Unfähigkeit, die Gedanken in Worte zu fassen. Durch Forschheit und kurze Äußerungen wird manchmal die Unsicherheit zu überspielen versucht.

Sie werden oft zu unangenehmen Vorgesetzten durch ihre Pingeligkeit und überzogene Kritik gegenüber sich und anderen, oder wir lernen sie als schwierige Mitarbeiter und problematische Partner und Erzieher kennen.

Die schwachen Persönlichkeiten unter den umgeschulten Linkshändern flüchten sich oft in Selbstmitleid, Weltschmerz und Krankheiten und sind leicht verführbar zu Alkoholmissbrauch, Drogen und dem Einfluss von verschiedensten Sekten und Ideologien.

Wo man bei Kindern Widerspruchsgeist und Trotzhaltungen beobachten kann, mit erhöhtem Aggressionspotential, Streitlust, Rechthaberei, Sturheit und Neigung zum Nachtragen und Rachegelüsten, kann sich das bei Erwachsenen z. B. zum typischen gestörten Diskussionsverhalten („Ja, aber…") entwickeln. Dies kann sich weiter zur Prinzipienreiterei, Intoleranz, zu Übermisstrauen bis hin zu fanatischen Zügen steigern. Die Betroffenen leben häufig in der Meinung, dass sie sich andauernd wehren müssen. Dabei greifen sie aber oft andere an oder provozieren zumindest Angriffe, die wieder ihre Meinung bestätigen.

Umgeschulte Linkshänder leben häufig in ständigen, inneren Konflikten mit sich selbst und der Umwelt.

6.2.3 Der „Demosthenes-Effekt" – ein schicksalsbestimmender Persönlichkeitszug

Der berühmte griechische Volksredner Demosthenes hat seine Sprachbehinderung (Stottern) dadurch überwunden, dass er mit Kieselsteinen im Mund die Geräusche der Meereswellen durch lautes Sprechen übertönt hat. Trotz seiner Behinderung hat er höchste Leistungen gerade auf dem Gebiet seiner Behinderung vollbracht.

So entwickeln viele umgeschulte Linkshänder eine manchmal bis zum Exzess betriebene Selbstdisziplin und Leistungsfähigkeit. Dafür verzichten sie auf Privatleben und persönliche Beziehungen, welche sie als ablenkende, zerstreuende Einflüsse ablehnen, und streben in oft asketischer Haltung auf ihr berufliches Ziel zu. Dies prägt ihre Persönlichkeitszüge, und ihr oft weit erhöhtes Durchsetzungsbestreben lässt sie, gewöhnt an eiserne Disziplin, in höchste Positionen aufsteigen.

Aber gerade dadurch, dass der Antriebsmotor für diese hohen Leistungen und die Motivation, eine „Behinderung" zu überwinden, im Dunkeln bleiben, erwarten sie gleiche Leistungen und Einsatz auch von ihren Mitarbeitern, Kollegen und Partnern.

Dieser Circulus vitiosus ist kaum zu durchbrechen und führt häufig zum Scheitern von persönlichen Beziehungen und zum physischen und psychischen Zusammenbruch, wenn bei fortschreitendem Alter oder starker, unerwarteter emotionaler Belastung die Kräfte für die andauernden überhöhten Leistungsanforderungen nicht mehr vorhanden sind. Solche außergewöhnlichen emotionalen Belastungen sind z.B. unerwarteter Tod einer Bezugsperson, Trennung vom Partner oder Krankheit.

6.2.4 Soziale Konsequenzen der Umschulung der Händigkeit

In einer Gesellschaft, die auf komplizierten Denkprozessen und sozialen Beziehungen aufgebaut ist und die eine dauernde Weiterentwicklung und -bildung ihrer Mitglieder notwendig macht, kann umgeschulte Händigkeit mit ihren persönlichkeitsprägenden Folgen zu einem äußerst gefährlichen Störungsfaktor werden.

So fühlen sich umgeschulte Linkshänder oft von der Gesellschaft ungerecht behandelt. Sie nehmen nicht die richtige Ursache wahr, warum sie z.B. sich weit mehr einsetzen müssen, warum sie trotz großer Mühe nicht die Erfolge haben, die sie ihren eigentlichen Fähigkeiten nach erlangen könnten. Sie hadern mit sich und der Gesellschaft darüber, warum ihnen nicht ermöglicht wurde, die Position einzunehmen, zu der sie eigentlich befähigt sind. Manche halten sich daher für berechtigt, bei entsprechender Gelegenheit Vergeltung zu üben.

Diese Persönlichkeitszüge können sich durch Verhaltensmuster, die von den Eltern übernommen werden, noch verstärken („soziale Vererbung"). Da Linkshändigkeit, genetisch gesehen, erblich bedingt ist und früher konsequent umgeschult wurde, vertiefen und vererben sich in beiderlei Sinn auch diese Verhaltensstörungen.

Das Gefühl, Opfer einer nicht rational begründbaren *Chancenungleichheit* zu sein, birgt in sich einen gesellschaftlichen Sprengstoff.

6.2.5 Verhindernde Mechanismen bei Prävention und Aufklärung

Falsch ist es, wenn versucht wird, die genannten Störungen im Persönlichkeitsbild und im Sozialverhalten mit Umständen im Kindesalter zu begründen, wie

- kleinste Abweichungen von der als allgemein geltenden Entwicklungsnorm,
- fehlende ethische Einflüsse bei Motivation und Moral,
- zum Teil geringste pädagogische Fehlleistungen der Erziehenden.

Die massiven, deformierenden Einflüsse durch die Umschulung der Händigkeit, die sogar in den physiologischen Bereich übergreifen und pathologische Züge annehmen können, werden oft vollkommen außer Acht gelassen.

Dazu tragen auch die umgeschulten Linkshänder selbst entscheidend bei. Wenn sie es geschafft haben, mit den Umschulungsfolgen mehr oder weniger gut fertig zu werden, und sich einen Platz in der Gesellschaft erkämpft haben, wehren sie sich, die Störungen zuzugestehen. Sie verdrängen die oft schwere Schul- und Ausbildungszeit und verhindern so eine wirkungsvolle Ursachenanalyse, die Voraussetzung für eine entsprechende Prävention ist.

Bei oberflächlicher Betrachtungsweise werden oft Gedächtnis, Konzentration und Fleiß mit Intelligenz verwechselt. Deswegen haben umgeschulte Linkshänder, die es nicht schafften, ihre eigentlichen Fähigkeiten im beruflichen Leben entsprechend umzusetzen, meist Selbstbewertungsprobleme: Auf der einen Seite befürchten sie eine Abschätzung ihrer Intelligenz, auf der anderen Seite die Zuschreibung von negativen Eigenschaften wie Mangel an Fleiß, Faulheit, u. Ä. So entsteht oft eine starke Vermeidungsreaktion gegenüber der Beschäftigung mit den Grundlagen der subjektivierten Schwierigkeiten.

Oft sind die Betroffenen auf ihre „erfolgreiche Umschulung" paradoxerweise sogar stolz und bringen die ihr folgenden Probleme überhaupt nicht mit der Umschulung der Händigkeit in Verbindung. Manche wehren sich sogar, mehr darüber zu erfahren, und sind höchstens bereit, sich als Ausnahme von der Regel zu sehen. So bagatellisieren sie die Schwierigkeiten, die andere mit ihren Umschulungsfolgen haben.

Nicht umgeschulte Linkshänder und Rechtshänder kennen diese Probleme nicht und können sich nicht in die Situation der Betroffenen versetzen. In Lehrbüchern finden sie die Thematik noch nicht beschrieben, und die Fachliteratur, die sich mit dieser Problematik beschäftigt, kennen sie normalerweise auch nicht.

So entsteht eine paradoxe Situation, dass gerade diejenigen, die durch eine ehrliche Analyse ihrer eigenen Schwierigkeiten und durch ein Zugestehen der – mehr oder weniger überwundenen – Probleme zu einer effizienten Prävention beitragen könnten, oft gerade das Gegenteil tun, nämlich die Probleme verharmlosen.

Sie verhindern so, dass dieser massive Eingriff in die Persönlichkeitsentwicklung des Kindes gestoppt wird, und dass das linkshändige Kind sich frei entfalten und die ihm gegebenen Chancen in Schule und Beruf unbeeinträchtigt wahrnehmen kann.

6.3   MÖGLICHKEITEN EINER RÜCKSCHULUNG AUF DIE DOMINANTE HAND

6.3.1 Allgemeine Hinweise

Immer häufiger wird die Frage nach den Möglichkeiten gestellt, umgeschulte linkshändige Kinder wieder auf die linke Hand – besonders beim Schreiben – zurückzuschulen. Dabei hofft man natürlich auch einen Rückgang der negativen Umschulungsfolgen zu erreichen.

Im *Kindergarten* besteht eher noch die Möglichkeit, ein Kind wieder auf links zurückzuführen. Wenn die Kinder freilich bereits im Alter von 15 Monaten bis zu 3 Jahren fehlgeleitet wurden, bestehen meistens wenig Chancen für Erzieher, eine Rückschulung vorzunehmen.

Bei Kindern, die erst zu *Schulbeginn* umgeschult wurden, bestehen hingegen gute Chancen. Aber später als etwa in der dritten Klasse sollte in der Regel auch hier keine Rückschulung mehr empfohlen werden.

Es gibt noch relativ wenig wissenschaftlich gesicherte Berichte und Erklärungsmodelle für die inneren Vorgänge bei einer Rückschulung. Nach den gemachten Erfahrungen sollte man sehr vorsichtig sein, um nicht mehr Negatives als Positives zu erreichen.

Die Entscheidung für eine Rückschulung muss individuell vorgenommen werden!

Das Alter von höchstens *zehn Jahren* scheint derzeit die Grenze dafür zu sein und zwar hauptsächlich aus dem Grund der Anforderungen an die Schreibgeschwindigkeit, die von der zwar dominanten, aber ungeübten Hand nicht eingehalten werden kann. Durch das folgende Hin- und Herwechseln der Schreibhand kann es dann zu neuen Schwierigkeiten für das Kind kommen.

6.3.2 Voraussetzungen für eine Entscheidung zur Rückschulung

1) Das Kind und wichtige, einflussnehmende *Familienmitglieder* – dazu können auch sehr entscheidend die Großeltern gehören – müssen mit dem Schreiben mit der linken Hand einverstanden sein. Es ist oft besser, ein umgeschultes linkshändiges Kind weiter rechts schreiben zu lassen, wenn große Widerstände und Konflikte in der Familie durch die Rückschulung zu erwarten sind.

2) Auch der *Lehrer* sollte bereit sein, etwas Rücksicht auf das zunächst nicht so schnelle Schreibtempo des Kindes zu nehmen und es nicht gleich durch zu hohe Erwartungen zu frustrieren.

3) Das *Kind* muss bereit sein, wieder mit links zu schreiben. Kinder, die sehr früh auf rechts umgeschult wurden, haben sich oft derart mit ihrer „Rechtshändigkeit" identifiziert, dass sie es „aus sich heraus" ablehnen, links zu schreiben, und durch einen Zwang dazu würde man ihnen einen Teil ihrer Identität nehmen.

4) Die *Erwartungshaltung* an die Rückschulung darf nicht zu hoch sein. Eine hundertprozentige Sicherheit, dass sämtliche Primär- und Sekundärfolgen der Umschulung verschwinden, gibt eine Rückschulung nicht! Wenn die Erwartungshaltung auf die positiven Effekte der Rückschulung von Kind und Eltern zu hoch ist, kann sogar ein negativer Effekt entstehen: Die Schuld wird dann oft auf den Lehrer übertragen, und es baut sich eine Situation auf, die schlimmer als die vorherige ist.

5) Das Kind sollte *relativ gut links schreiben* können. Kinder mit einem zusätzlichen Verdacht auf feinmotorische Störungen, unabhängig von den Umschulungsfolgen, werden große Schwierigkeiten haben, schnell genug ein ausreichendes Schreibtempo mit der linken Hand zu erreichen. Die *dritte Klasse* ist etwa die Grenze, in der eine Rückschulung sinnvoll sein kann.

Negatives Beispiel: Ein Bub in der 3. Grundschulklasse kam wegen umgeschulter Linkshändigkeit in die Beratungsstelle. Die Tests ergaben, dass er noch sehr gut mit der linken Hand schreiben konnte, und ein ehrenamtlicher Mitarbeiter der Beratungsstelle betreute als Beratungslehrer zufällig die Förderklasse an seiner Schule. Es kam zu der Entscheidung, das Kind auf links zurückzuschulen. Es machte gute

Fortschritte und wurde von Lehrern und Eltern sehr positiv gefördert. Nach den großen Ferien kam er von dem Besuch bei den Großeltern zurück und schrieb wieder rechts! Obgleich ausgemacht worden war, dass sich die Großeltern nicht einmischen, hat ein kurzer, negativer Ausspruch des Großvaters über den neumodischen Unsinn genügt, um das Kind derartig zu verunsichern, dass es wieder rechts schrieb.

Positives Beispiel: Eine erfolgreich verlaufene Rückschulung stellt das Beispiel eines neunjährigen Schülers dar, der in der ersten Klasse umgeschult wurde. Schrift und andere Schulleistungen ließen bis Ende der dritten Klasse sehr zu wünschen übrig (siehe Abbildung Hausaufgabe vom 29. 6. 87), sodass sich Eltern und Kind entschlossen, dass der Bub nach den großen Ferien links zu schreiben versuchen soll.

Es ging erstaunlich gut, und die Schriftleistung der ungeübten, linken Hand (siehe Schriftprobe vom 25. 9. 87 – um den 13. 9. 87 hat das neue Schuljahr begonnen) erreichte bald die der rechten Hand und besserte sich von Tag zu Tag, und auch andere Schwierigkeiten gingen zurück.

links o7 9 Jahre 4. Klasse
25.9.1987

Nr.1

1. Nachschrift

In der Schule

Ich gehe gern in die Schule. Unser Lehrer braucht uns nicht zu ermahnen oder zu strafen. Niemand stört den Unterricht, deshalb lobt er uns auch häufig. Ich freue mich immer auf die Pause. Dann kann ich nämlich meinem Freund (meiner Freundin) die neuesten Erlebnisse erzählen. Manchmal ist der Unterricht

rechts o7 9 Jahre Ende 3. Klasse
29.6.1987

Hausaufgabe 29.6.1987

Schütze die Natur!

6.3.3 Zusammenfassung

Eine Rückschulung auf die ursprünglich dominante linke Hand sollte möglichst immer unter Hinzuziehen von Experten (z. B. Schul- oder Kinderpsychologen, Pädagogen) und unter spezieller Betreuung in der kommenden Zeit durchgeführt werden.

Es ist wichtig, regelmäßig Zeichenübungen in der richtigen Hand- und Blatthaltung mit dem Kind zu machen (siehe Kapitel 2), um die Feinmotorik der linken Hand zu üben. Es reicht nicht, diese Übungen einige Male durchzuführen, sondern sie müssen unter Anleitung mindestens über mehrere Wochen lang gemacht werden. Ansonsten kann es geschehen, dass nach ersten Erfolgen, auch bei der Konzentrationsfähigkeit und den Schulleistungen, die Eltern erleichtert aufatmen, ihre Bemühungen um das Kind einstellen bzw. reduzieren und die Leistungen des „allein gelassenen" Kindes doch wieder zurückgehen, weil nicht genügend auf das flüssige Schreiben mit der linken Hand und die individuelle Verarbeitung der Rückschulung beim Kind geachtet wird.

KAPITEL 7: LINKSHÄNDIGKEIT UND TEILLEISTUNGS-STÖRUNGEN

7.1 BEGRIFFSKLÄRUNG

Im Laufe der Arbeit hat sich gezeigt, dass die Gruppe der Grundschulkinder mit so genannten Teilleistungsstörungen ganz spezifische Eigenschaften bezüglich der Händigkeitsentwicklung aufweist.

Teilleistungsstörungen, MCD (Minimale cerebrale Dysfunktion) oder POS (frühkindliches psychoorganisches Syndrom – in der Schweiz vornehmlich benutzter Begriff) und andere zerebrale Störungen stehen häufig mit *perinatalen Hirnschädigungen* (6. Schwangerschaftsmonat bis Ende des ersten Lebensjahres) in Zusammenhang, insbesondere mit kurzzeitigem Sauerstoffmangel im Gehirn[1]. Diese Störungen decken sich z. T. mit den Primärfolgen einer Umschulung der Händigkeit.

Deshalb war es notwendig, einen Fragebogen zu entwickeln, um mögliche Störungen aus diesem Bereich festzustellen und Rückschlüsse auf die Händigkeitsentwicklung ziehen zu können.

---

1 Astor-Schuster, Karin, „MCD und Teilleistungsstörungen bei Kindern". In: Öffentliches Gesundheitswesen 51 (1989), Stuttgart, New York, S. 245–249.

FRAGEBOGEN

zur Abgrenzung von umgeschulter Händigkeit

und Teilleistungsstörungen

Entwickelt von Dr. Johanna Barbara Sattler[1]

1. Schwangerschaft, Geburt, Kleinkindalter und Kindergartenzeit:

Kam es in der Schwangerschaft zu Schwierigkeiten?   ☐ nein   ☐ ja
Wenn ja, zu welchen?

Kam es bei der Geburt zu Komplikationen?   ☐ nein   ☐ ja
Wenn ja, zu welchen?

Wurde die Geburt künstlich eingeleitet?   ☐ nein   ☐ ja
Wenn ja, warum?

Nachsorgeuntersuchungen: ☐ ohne Probleme   ☐ Schwierigkeiten
       Welche?

Krabbeln?   ☐ ja   ☐ nein

Laufen wann?   ☐ 10–15 Monate   ☐ 16–20 Monate   ☐ 21–24 Monate
Laufen wie?   ☐ ohne Probleme   ☐ unsicher   ☐ stolpernd

Sprechen wann?   ☐ 10–15 Monate   ☐ 16–20 Monate   ☐ 21–24 Monate
Sprechen wie?   ☐ ohne Probleme   ☐ Schwierigkeiten
       Welche?

Logopädische   ☐ nein   ☐ ja Weshalb?
Behandlung?

Bewegungs-   ☐ nein   ☐ ja Weshalb/Welche?
therapie?

Spieltherapie/   ☐ nein   ☐ ja Weshalb?
Ergotherapie

---

1 Das Copyright liegt bei der Autorin. Vervielfältigung ist mit Quellenangabe gestattet.

Krankheiten, die mit dem Gehirn zusammenhängen können?
Verletzungen der oberen Extremitäten?   ☐ nein   ☐ ja
Wenn ja, welche?
In welchem Alter?

Kindergartenbesuch ab welchem Alter?

Basteln   ☐ sehr gern   ☐ gern   ☐ ungern   ☐ fast nie
Basteln wie?   ☐ genau   ☐ ungenau

Puzzle   ☐ sehr gern   ☐ gern   ☐ ungern   ☐ fast nie
Lego   ☐ sehr gern   ☐ gern   ☐ ungern   ☐ fast nie
Malen   ☐ sehr gern   ☐ gern   ☐ ungern   ☐ fast nie

Feinmotorische Auffälligkeiten?   ☐ nein   ☐ ja
Wenn ja, welche?

Spiegelschrift?

Konzentration/Ausdauer

Welche Hand bevorzugt das Kind?   ☐ linke   ☐ rechte

Seit wann ist die Händigkeit bei dem Kind aufgefallen?

☐ ab ca. 12 Monaten – 3 Jahre
☐ 3–4 Jahre
☐ 5–7 Jahre

Bei welcher/-en Tätigkeit/-en ist die Bevorzugung einer Hand aufgefallen?
☐ Greifen
☐ Essen
☐ Handgeben
☐ Malen
☐ Schreiben
☐ Andere Tätigkeit

Neigt das Kind zum Wechseln der bevorzugten Hand?   ☐ nein   ☐ ja
Wenn ja, seit wann bzw. in welchem Alter ist das besonders aufgefallen?

2. Grundschulkinder:

Lautlesen	☐ sehr gern	☐ gern	☐ ungern	☐ fast nie
Lautlesen wie?	☐ sehr gut	☐ gut	☐ schlecht	
			Welche Schwierigkeiten?	

Leiselesen   ☐ sehr gern   ☐ gern   ☐ ungern   ☐ fast nie

Handschrift?   ☐ sehr schön   ☐ schön   ☐ nicht schön
Welche Schwierigkeiten?

Rechtschreibung   ☐ sehr gut   ☐ gut   ☐ schlecht
Welche Schwierigkeiten?

Konzentration   ☐ sehr gut   ☐ gut   ☐ schlecht
in der Schule   Welche Schwierigkeiten?

Arbeit mit dem Fragebogen:

Die Fragen werden von dem Versuchsleiter gestellt.

Besonders Sprach- und Bewegungsstörungen vor Schulbeginn lassen auf Probleme im Bereich der zerebralen Schädigungen schließen, die einem regenerativen Prozess unterliegen, wobei die Intelligenz praktisch nicht beeinträchtigt wird. Diese Kinder haben oft auch massive feinmotorische Störungen und entziehen sich deshalb gerne dem gemeinsamen Basteln im Kindergarten.

Schwierigkeiten aus dem Bereich von Teilleistungsstörungen und MCD fallen meist vor Schulbeginn stärker auf. Umschulungsfolgen manifestieren sich massiver erst durch die Umstellung beim Schreiben.

7.3 LINKSHÄNDIGKEIT UND TEILLEISTUNGSSTÖRUNGEN – KEIN KAUSALER ZUSAMMENHANG

Eine in der wissenschaftlichen Literatur oft vertretene Lehrmeinung ist, dass linkshändige Kinder verstärkt zu zerebralen Störungen, zu MCD, Teilleistungsstörungen oder Immunschwächen neigen würden. Es wird auch ernsthaft behauptet, dass die Lebenserwartung von Linkshändern geringer sei (siehe Anhang)[1]. Aufbauend auf diesen Gedankengängen behauptet eine andere amerikanische Studie (anhand statistischer Zahlen von mit Unfallverletzungen ins Krankenhaus eingelieferten Kindern) herausgefunden zu haben, dass unter den verletzten Kindern, 1,7-mal mehr Linkshänder als Rechtshänder seien, und folglich sei Linkshändigkeit ein Risikofaktor[2].

Weiter wird oft behauptet, dass sich Linkshändigkeit bei Kindern erst im Alter von vier bis fünf Jahren entwickeln würde und dass die Kinder vorher ihren Handgebrauch wechseln würden.

Aus den Ergebnissen langzeitiger wissenschaftlicher Forschungen in den vergangenen Jahren, die weit heterogenere Gruppen linkshändiger Kinder untersuchten, wird immer deutlicher, dass hier falsche kausale Verbindungen aufgestellt wurden und Eigenschaften der in verschiedenen Einrichtungen behandelten und betreuten tatsächlich psychisch und somatisch gestörten linkshändigen Kinder auf die gesamte Population der linkshändigen Kinder (also auch auf die ohne Störungen) automatisch, als Gesamtmerkmal der Linkshändigkeit als solcher, übertragen wurden.

1 Halpern, Diana F., Stanley Coren, „Handedness and Life Span". In: The New England Journal of Medicine, Nr. 14, Volume 324, 4. April 1991, S. 998.

2 Graham, C.J., R. Glenn, R. Dick, B. Allen, J. Pasley, „Left-Handedness as a Risk for Accidental Trauma". In: AJDC, Vol. 146, April 1992, Poster No. 17, S. 465–466.

Folgende Umstände sind Ursache für diese falschen bzw. irreführenden kausalen Verbindungen:

1. Kleine Kinder werden heutzutage bis zum Alter von etwa drei Jahren nur dann auf ihre Händigkeit hin beobachtet, wenn sie, weil sie Auffälligkeiten zeigen, in Frühförderstellen untersucht und betreut werden. Diese Kinder bilden aber eine ganz bestimmte Auswahl, und zwar die Gruppe, die häufig auch zerebrale Schädigungen, MCD und Teilleistungsstörungen aufweist.

2. Im medizinischen Untersuchungsheft für Kinder wird Händigkeit nicht berücksichtigt. Hier wäre eine gute Gelegenheit, schon bei den ersten gezielten Greifbewegungen der Kinder Händigkeitspräferenzen zu berücksichtigen und zu beobachten.

3. Auch im Kindergarten wird selten gezielt auf Händigkeit geachtet. Erst kurz vor Schuleintritt, wenn das Kind zu schreiben beginnt, fangen auch die unterschiedlichen Betreuungspersonen (z. B. Erzieherinnen und Eltern) an, zunehmend auch Aufmerksamkeit der Händigkeit zu widmen.

Daraus ergibt sich, dass nicht gestörte linkshändige Kinder ihre Händigkeit, meist ohne von der Forschung diesbezüglich registriert und beobachtet zu werden, bis etwa zum Schuleintritt mehr oder weniger unbeeinträchtigt entwickeln. Zerebral gestörte Kinder hingegen werden schon sehr klein (z. B. in Frühförderungsstellen) auch hinsichtlich ihrer Händigkeitsentwicklung beobachtet, und die Ergebnisse und empirischen Erfahrungen werden daher oft, mangels Vergleichsmöglichkeiten mit anderen linkshändigen, nicht zerebral gestörten Kindergruppen, als Maßstab für die Bewertung der Manifestation und der weiteren Entwicklung von Linkshändigkeit als solcher genommen.

Dies ist dann auch die Erklärung, warum es zu den oben genannten kausal irreführenden Behauptungen kam, dass linkshändige Kinder überdurchschnittlich häufig zerebrale oder immunologische Schwächen und Störungen aufweisen würden.

Durch perinatale zerebrale Störungen, die sich oft in zusätzlichen Störungen der Gehirnhemisphärenlateralisation auswirken, kann allerdings die Händigkeitsentwicklung massiv irritiert werden, und es kann zu einem zeitweiligen Wechsel bei der Händigkeitspräferenz kommen. Ergebnisse gezielter wissenschaftlicher Forschungen legen nahe, „dass Kinder, die unter Sauerstoffmangel in der perinatalen Zeit litten, meist stärkere Schäden in ihrer dominanten Gehirnhälfte aufweisen". Die dominante, die Händigkeitspräferenz bestimmende Hemisphäre „wird deswegen stärker geschädigt, weil diese mehr Funktionen erfüllen muss und folglich auch einen größeren Sauerstoffbedarf hat". (Den Sauerstoffverbrauch der einzelnen Hirnteile kann man mit der Positronen-Emissions-Tomographie [PET] genau bestimmen.) „Dies wirkt sich dann auf die phänomenale Händigkeitsentwicklung aus und erklärt, warum viele dieser Kinder bis zur Einschulung ihren Handgebrauch wechseln und sich erst sehr spät auf eine Hand festlegen. Sie werden in der Literatur und in Testverfahren dann oft unter ‚Beidhändigkeit‘ eingeordnet.“[1]

Für den Pädagogen ist es von äußerster Wichtigkeit, diese Tatsachen in seine Überlegungen einzubeziehen, denn gerade die durch verschiedenste Umstände leicht bis schwer hirngeschädigten Kinder erleiden versehentlich oft zusätzlich eine falsche Händigkeitsbestimmung.

Es ist also festzustellen:

1. Linkshändige Kinder, die in dem obigen Fragebogen unauffällig sind, hantieren meist von Anfang an durchgehend linkshändig. Umschulungsversuche haben weniger starke Wirkung auf sie (bestimmte Persönlichkeitszüge können sich hier allerdings unterschiedlich auswirken).

2. Linkshändige Kinder, die Auffälligkeiten in dem obigen Fragebogen zeigen (bei denen also ein Verdacht auf MCD oder Teilleistungsstörungen besteht), zeigen zeitweise oder andauernd ein Wechseln der Händigkeit mit einer in ihrer Stärke variierenden Präferenz für links und werden oft als „beidhändig“ eingeordnet. Umschulungsversuche sind bei ihnen meist leicht durchzuführen, aber die negativen Folgen sind später umso massiver. Zerebrale Störungen aus der perinatalen Zeit unterliegen, abhängig von ihrem Ausprägungsgrad, einem Heilungsprozess. Ihre negative Wirkung wird auch dadurch reduziert, dass andere, gesunde Hirnregionen die Funktionen der gestörten oft zu einem sehr großen Anteil übernehmen. Wenn es aber durch eine falsche Diagnose zusätzlich zur Umschulung der Händigkeit kommt (die auch eine Hirnschädigung ist) wird dieser Prozess beeinträchtigt bis verhindert, mit allen primären und sekundären Folgen für das betroffene Kind.

3. Es hat sich nicht bestätigt, dass zwischen Händigkeit und Teilleistungsstörungen in ihrer Entstehung ein direkter kausaler Zusammenhang existiert. Der scheinbar beobachtete Zusammenhang besteht in den Auswirkungen von zerebralen Störungen auf die Händigkeitsentwicklung des Kindes, nicht auf seine angeborene Gehirnhemisphärendominanz. Perinatale, leichte zerebrale Störungen „sind den Umschulungsfolgen der Händigkeit zum Teil sehr ähnlich und oft fast deckungsgleich, und sie sind, ohne entsprechendes Vorwissen, manchmal kaum voneinander zu unterscheiden. Die Problematik liegt in der differentialdiagnostischen Methodik“.[2]

---

1 Johanna Barbara Sattler, „‚Beidhänder‘ sind hirngeschädigt“. In: Münchener Medizinische Wochenschrift, Nr. 21/1993, S. 293/39. Dieser Artikel ist eine Zusammenfassung des Forschungsberichtes vom 12. 10. 92 von derselben Autorin.

2 Ebenda, S. 292/36.

Für diese Kinder können, wenn sie etwas älter sind, beidhändige Tätigkeiten, wie Klavierspielen, Schreibmaschineschreiben u. Ä. entlastend sein – „Blockaden und Verkrampfungen" im Gehirn können sich wieder lockern.

Beispiel: An der Münchner Universität saß während der Vorlesungen immer eine Studentin strickend in der ersten Reihe. Der Professor hatte das zunächst nicht bemerkt, aber als ein Muster komplizierter wurde, musste sie manchmal die Arbeit unter der Bank hervorziehen und nachzählen. Als er sie eines Tages, halb interessiert und halb verärgert, zur Rede stellte, erfuhr er, dass sie in den letzten Klassen vor dem Abitur festgestellt hatte, dass durch Stricken beim Lernen ihre Aufmerksamkeit und ihr Gedächtnis besser wurden und Blockaden und plötzliche Konzentrationsabfälle, unter denen ihre Schulleistungen früher sehr gelitten hatten, sich nur noch selten einstellten. Sie war eine umgeschulte Linkshänderin!

Es scheint, dass gerade Kinder, die zerebrale Funktionsstörungen jeglicher Art haben, und auch umgeschulte Linkshänder positiv auf die so genannte Edu-Kinestetik reagieren.

Die heute von Lehrern, Ergo- und Bewegungstherapeuten bei Kindern manchmal benutzten Übungen der Edu-Kinestetik (EK) versuchen bewusst, durch Bewegungen der Arme und Beine, die oft die Körpermitte kreuzen, also z. B. rechte Hand auf linkes Knie und umgekehrt, Blockaden im Gehirn aufzuheben und die andere Gehirnhälfte zu aktivieren. Dennison, der an Beobachtungen von Doman und Delacato aus den sechziger Jahren, die feststellten, „dass sich durch das Kreuzdiagonalmuster auch Lern- und Leseleistungen verbessern ließen", anknüpft, schreibt zu EK: „Die Überkreuzungen oder das Kreuzdiagonalmuster wurden vor Jahren als eine Methode entdeckt, mit deren Hilfe die neurologischen Funktionen gehirngeschädigter Kinder wieder hergestellt werden konnten."[1]

Die Autoren müssen aber auch zugestehen, dass diese Methode sehr unterschiedliche Erfolge auf das Lernen bei verschiedenen Schülern mit unterschiedlicher Problematik hat, was sie u. a. mit einer erfolgten oder nicht erfolgten Krabbelzeit im Kleinkindalter in Zusammenhang bringen. Da diese Methode ganz speziell bei blockierten Schülern zur Anwendung kommt, ist anzunehmen, dass es sich um Kinder mit zerebralen Funktionsstörungen handelt, die gerade durch diese beid-

---

1 Dennison, Paul und Gail, EK für Kinder, Freiburg, 5. Auflage 1990, S. 74. Educational Kinesiology ist „die Erforschung des Muskelsystems des Körpers und seiner Beziehungen zum integrierten Lernen mit beiden Gehirnhälften" und Edu-Kinestetik „die Anwendung bestimmter kinetischer Muster (= Bewegungsmuster) auf die Erforschung der rechten und linken Gehirnhälfte mit dem Ziel, Stress zu unterbinden und das volle Lernpotential zu verwirklichen". S. 89.

seitigen Übungen zu Lockerungen kommen könnten. Wie erfolgreich diese Methode aber wirklich ist, wird sich erst zeigen müssen. Bei Kindern ohne Teilleistungsstörungen sollte man hier eher vorsichtig sein.

KAPITEL 8: DAS ELTERNGESPRÄCH

Eltern entwickeln oft, in Abhängigkeit von verschiedensten Informationsquellen und Übertragungen, eigenartige Vorstellungen über die Händigkeit ihres Kindes und beeinflussen dann, bewusst oder unbewusst, Meinung und Verhaltensweisen des Kindes selbst.

Hier ist nicht zu unterschätzen, wie tief bestimmte Vorurteile noch in unserem Unterbewusstsein verankert sind und als solche wirken, ohne ins Bewusstsein zu gelangen und ohne dort durch den Verstand verarbeitet zu werden. Dabei beinhalten bereits viele sprachliche Redewendungen und Wortbedeutungen eine moralische bis abwertende Bedeutung der linken Seite oder des Wortes „links" überhaupt.

Beispiele für bewertende Bedeutungen im Sprachgebrauch:

- linkisch, linker Typ, jemanden linken, linke Seite (Innenseite), „das mache ich mit links" (= das ist so einfach, dass man es sogar mit der linken, gemeint nicht geübten Hand, machen kann)
- rechtschaffen, Recht, richtig, aufrichtig, rechtens, rechtgläubig, rechtmäßig, rechtzeitig

Noch immer existieren in manchen Kreisen der Bevölkerung massive Vorurteile gegenüber „links", das mit dem Bösen und dem Teufel verbunden wird. Diese mythischen Vorstellungen, die weit in die Geschichte zurückreichen, prägen z. B. noch heute (als Tradition, losgelöst vom ursprünglichen Inhalt) die Sitzordnung in vielen Kirchen. rechts die Männer und links die Frauen.[1] Diese Abwertung von links ist nicht nur eine abendländische Erscheinung. Der ganze arabische und indische Kulturkreis, afrikanische Stämme, ja sogar die Auffassung von nordamerikanischen Indianern (Irokesen), sind damit behaftet. In Indonesien geht das heute noch soweit, dass es in Lokalen als unhöflich gilt, mit der linken Hand zu essen, bei den Mohammedanern wurden die „unreinen" und dem täglichen Leben angehörenden Handlungsweisen links durchgeführt.

Dieses Hintergrundwissen kann für den Lehrer von großer Bedeutung sein, wenn er seine Kenntnisse über Linkshändigkeit und Probleme der Umschulung der Händigkeit anwendet, um ein entsprechendes Problembewusstsein zu schaffen.

---

1 Diese Bewertung der Seiten ist, historisch gesehen, über den Manichäismus (2. und 3. Jh. n. Chr.) mit seinem moralisch bewertenden Dualismus, der wieder aus anderen Kulturen und Religionen übernommen wurde, auch in die alte christliche Liturgie eingegangen. In der abendländischen Kunst ist es so zu einer Aufteilung der Seiten unter formaltraditionellen Gesichtspunkten gekommen (z. B. Bilder des Weltgerichts oder Kreuzigungsdarstellungen), die auch in der Seitensymbolik und -aufteilung im Kirchengebäude Eingang gefunden haben.
Siehe dazu J. B. Sattler, Ikonographische und psychologische Aspekte der „Seitigkeit" in der Kunst. Diss., München, 1983, S. 21–106.

Manche linkshändige Kinder bemühen sich, alles brav rechts zu tun, und verwirren den Lehrer. Manchmal schildern die Eltern die Linkshändigkeit ihres Kindes weit weniger ausgeprägt, als sie tatsächlich ist bzw. als sie vor ihren erfolgreichen Umstellungsbemühungen war. Beim Ausfüllen des Händigkeitsfragebogens und bei Händigkeitszeichentests ist es daher sehr nützlich, auch die Eltern oder zumindest einen Elternteil zusehen zu lassen.

Eltern nehmen oft die Linkshändigkeit ihres Kindes „selektiv" wahr, sie beobachten hauptsächlich das, was das Kind rechts macht, und registrieren viele linkshändig durchgeführte Tätigkeiten überhaupt nicht.

Oft kommt es bereits im Beratungsgespräch zu einer Änderung ihrer Ansicht über die Händigkeit des Kindes. Dabei hilft auch, wenn sie beobachten können, welche Schwierigkeiten manche linkshändige Kinder haben, mit der nicht dominanten rechten Hand die Zeichentests durchzuführen.

Hier ist sehr viel Einfühlungsvermögen notwendig, um sich ein richtiges Bild zu machen und Vertrauen zu wecken, damit Eltern über Umschulungsversuche auch sprechen. Auf der anderen Seite dürfen Eltern auch nicht in Selbstvorwürfe und Schuldgefühle gestürzt werden. Das wäre für ihre Beziehung zu dem Kind nur belastend.

Sehr wichtig ist bei einem umgeschulten linkshändigen Kind, bei dem keine Rückschulung empfehlenswert erscheint, die Eltern auf die Schwierigkeiten des Kindes aufmerksam zu machen, ihnen zu helfen, das Kind mit seinen Problemen zu akzeptieren, zu betonen, dass die Eltern nicht den Glauben an das Kind verlieren und es wegen des geschwächten Selbstwertgefühls nicht noch weiter in die Probleme hineinstoßen dürfen.

Es ist entscheidend, zu vermitteln, dass es sich hier *nicht um Dummheit* handelt, sondern die feststehende, durch die stattgefundene Umschulung unberührte Intelligenz zu betonen, die durch die Umschulung nicht vermindert ist, und die Tatsache hervorzuheben, dass das Gehirn lernt, mit den Schwierigkeiten umzugehen, wenn es nicht durch starke Schulängste blockiert ist.

Manchmal empfiehlt es sich in so einem Fall, einen Intelligenztest durchzuführen, um Eltern und Kind zu zeigen, dass das Kind nicht dumm ist, und so den Glauben an seine Fähigkeiten wieder zu stabilisieren oder aufzubauen.

Wir haben es bei den Eltern, wenn sie sich in der Problematik ihrer Kinder wieder erkennen, oft mit hochempfindlichen, durch das Entstehen eines Schuldbewusstseins und darauf basierender Unsicherheit gereizten Menschen zu tun. Gerade hier kann der einfühlsame Pädagoge mit großem Erfolg eingreifen und durch Aufklärung und richtige Verbindung der Zusammenhänge eine Linderung familiärer Spannungen erzielen und für das Kind eine Erleichterung, die sich sehr positiv in seinen schulischen Leistungen widerspiegeln kann.

ANHANG

HÄKEL-, STRICK- UND STICKANLEITUNG FÜR LINKSHÄNDER

Die folgenden Abbildungen zum linkshändigen Häkeln und Stricken sind aus einer Anleitung, die Franziska Rossmann im Auftrag des Landschulrates für die Steiermark gezeichnet hat und die wir mit freundlicher Erlaubnis von beiden abbilden (die jeweiligen benutzten Begriffe können aus ethnologisch-linguistischen Gründen variieren).

Die Anleitung zum linkshändigen Sticken ist von Brigitte Sehardt.

Die Serien umfassen folgende Abbildungen:

Häkeln:

- Luftmaschen für Linkshänder (4 Zeichnungen)

- Feste Maschen für Linkshänder (5 Zeichnungen)

- Stäbchen für Linkshänder (7 Zeichnungen)

Stricken:

- Fadenlegen für Linkshänder (3 Zeichnungen)

- Maschenanschlagen (3 Zeichnungen)

- Glatte Maschen für Linkshänder (4 Zeichnungen)

- Verkehrte Maschen für Linkshänder (4 Zeichnungen)

- Abketten von Strickmaschen für Linkshänder (1 Zeichnung)

- Nadelhaltung für Linkshänder, wobei der Arbeitsfaden über die linke Hand läuft (1 Zeichnung)

Sticken:

- Liegestich / Vorstich, Stechstich / Hochstich, Rückstich, Zickzackstich, Kreuzstich, senkrechter Kreuzstich / Sparstich, waagerechter Kreuzstich / Sparstich

- Kreuzstich diagonal nach oben und unten, Schlingstich, Hexenstich

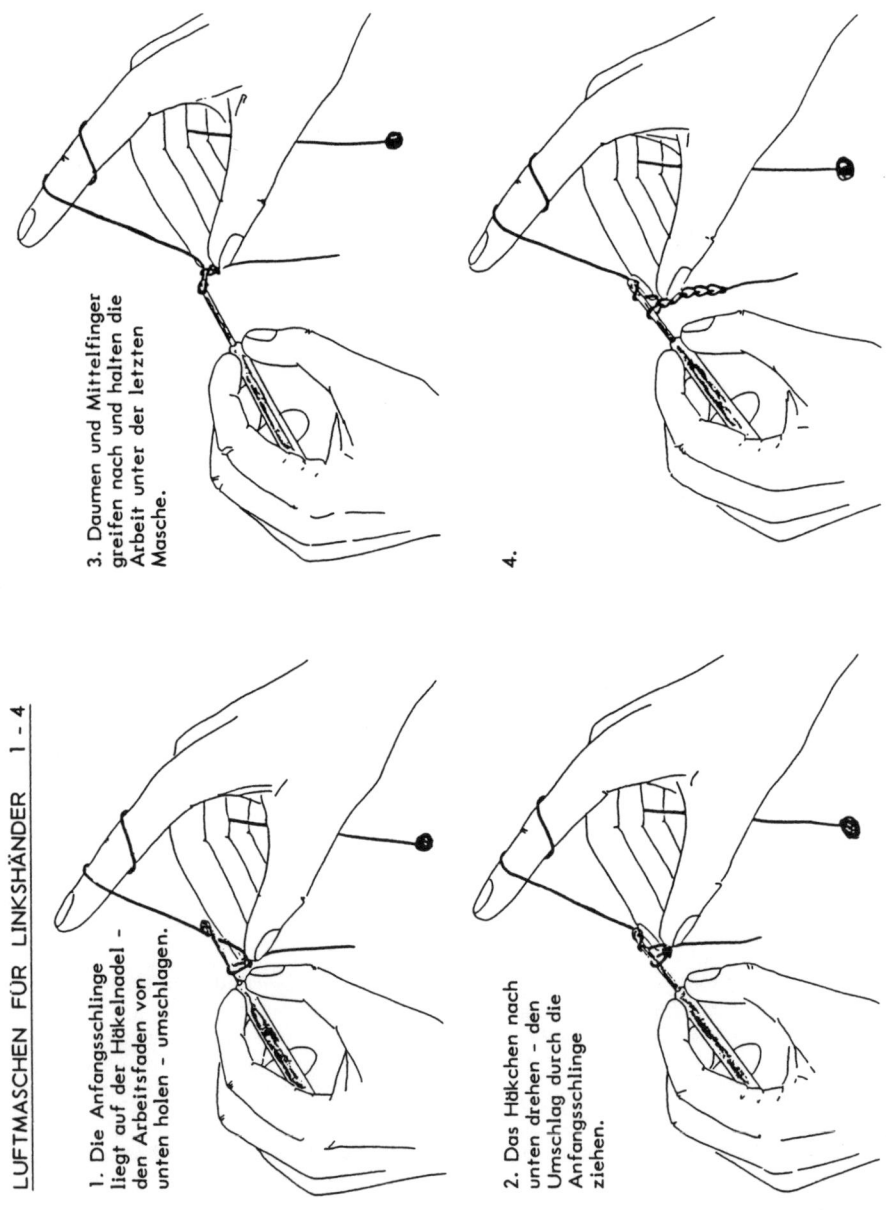

LUFTMASCHEN FÜR LINKSHÄNDER 1 - 4

1. Die Anfangsschlinge liegt auf der Häkelnadel - den Arbeitsfaden von unten holen - umschlagen.

2. Das Häkchen nach unten drehen - den Umschlag durch die Anfangsschlinge ziehen.

3. Daumen und Mittelfinger greifen nach und halten die Arbeit unter der letzten Masche.

4.

FESTE MASCHEN FÜR LINKSHÄNDER   1 - 4

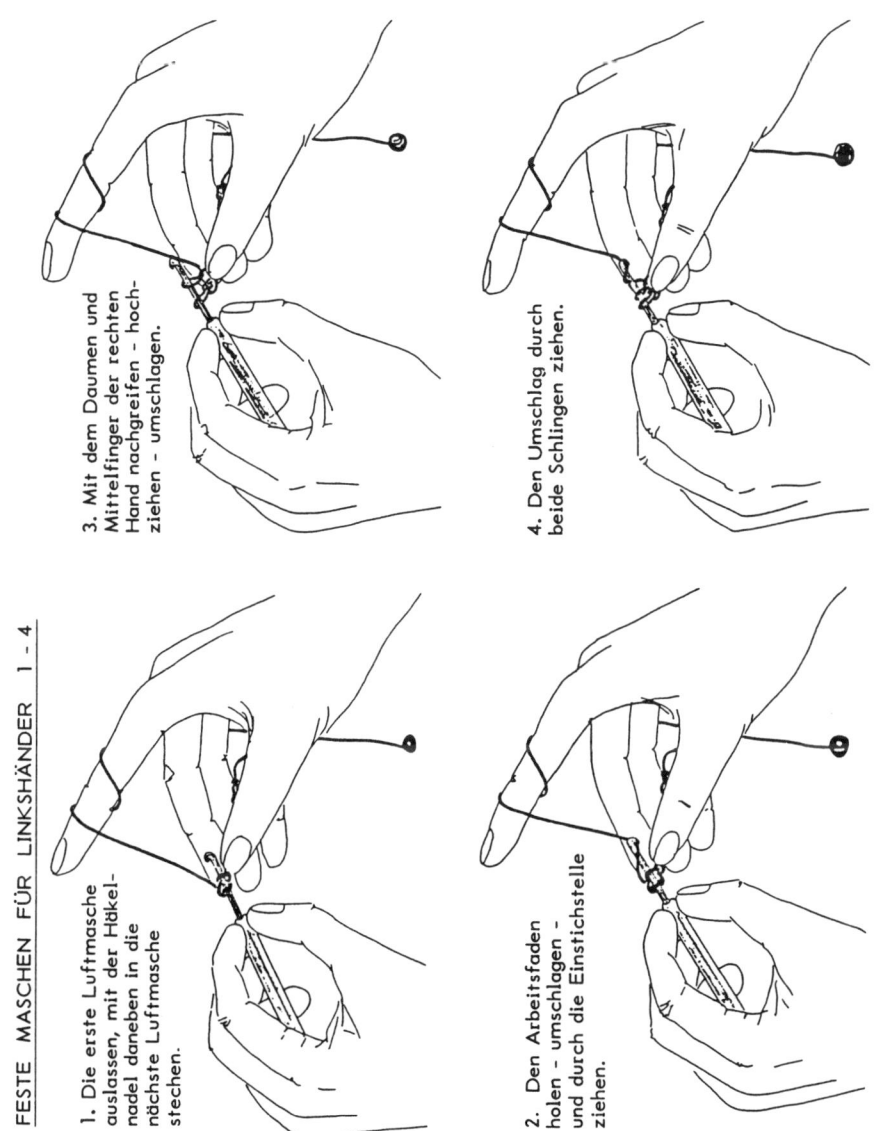

1. Die erste Luftmasche auslassen, mit der Häkel- nadel daneben in die nächste Luftmasche stechen.

2. Den Arbeitsfaden holen - umschlagen - und durch die Einstichstelle ziehen.

3. Mit dem Daumen und Mittelfinger der rechten Hand nachgreifen - hoch- ziehen - umschlagen.

4. Den Umschlag durch beide Schlingen ziehen.

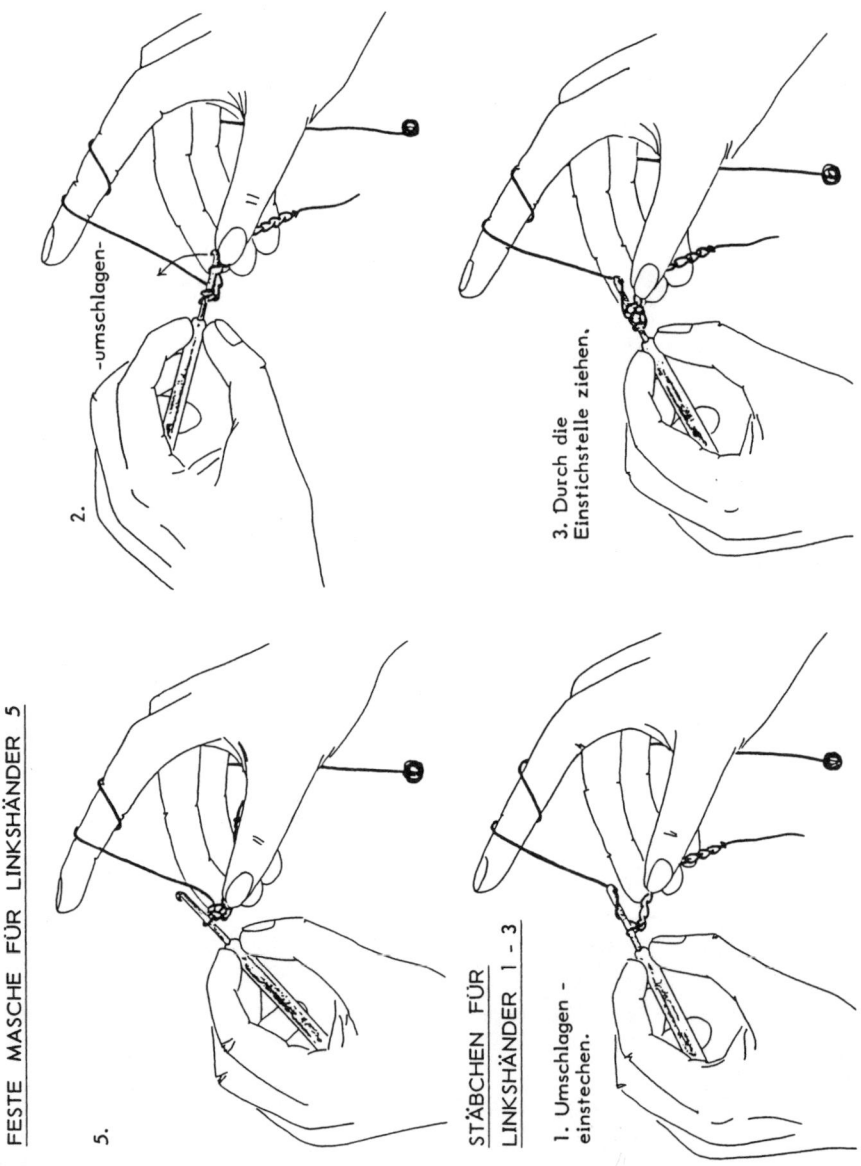

-umschlagen-

2.

3. Durch die
Einstichstelle ziehen.

FESTE MASCHE FÜR LINKSHÄNDER 5

5.

STÄBCHEN FÜR
LINKSHÄNDER 1 - 3

1. Umschlagen -
einstechen.

102

6. Nachgreifen - umschlagen.

7. Durch die letzten zwei Schlingen ziehen.

4. Hochziehen - nach- greifen - umschlagen.

5. Den Umschlag durch die ersten beiden Schlingen ziehen.

1. Fadenlegen - rechte Hand (Innenfläche)

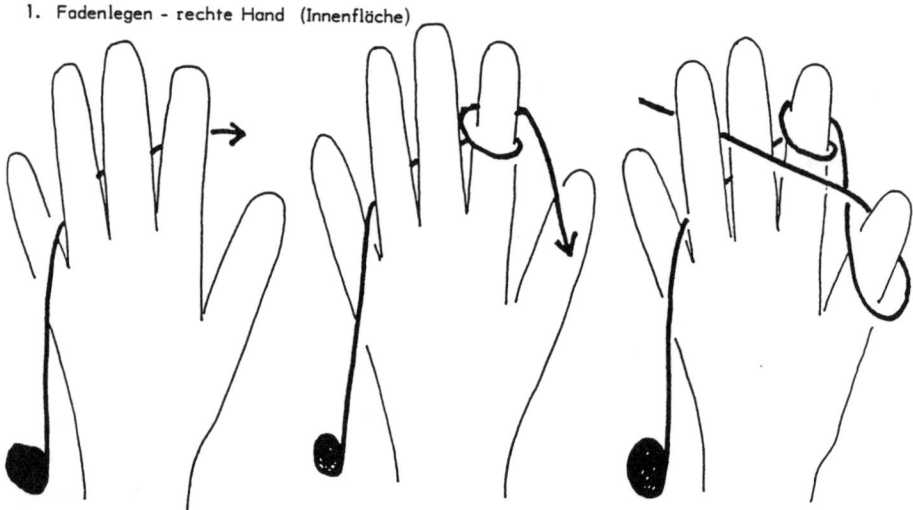

2. Maschenanschlagen

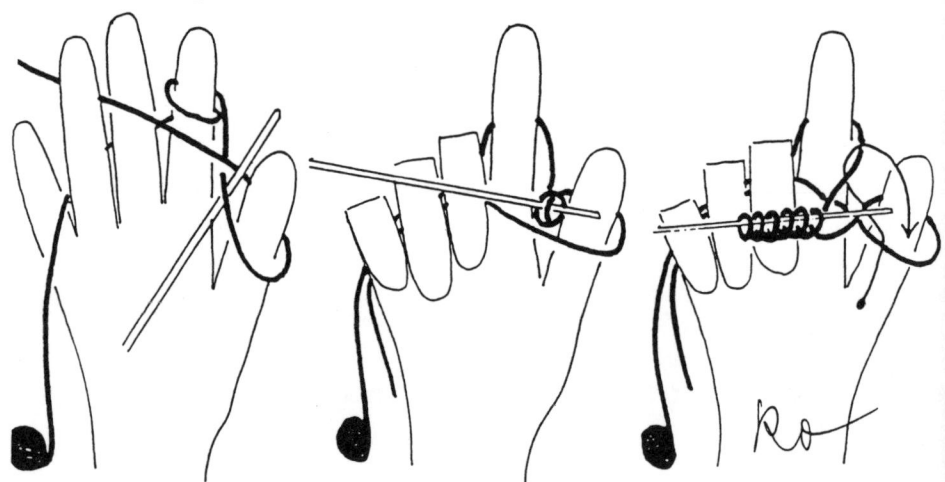

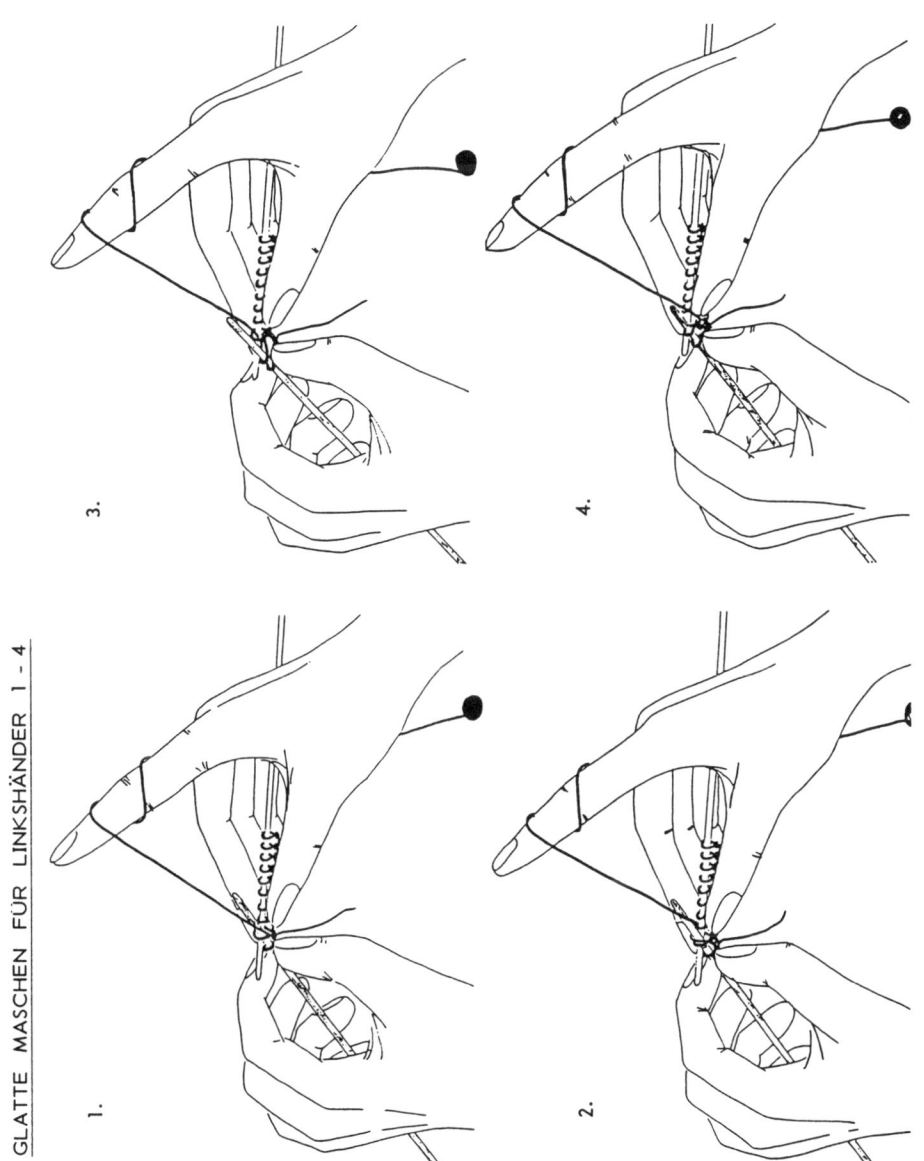

3.

4.

1.

2.

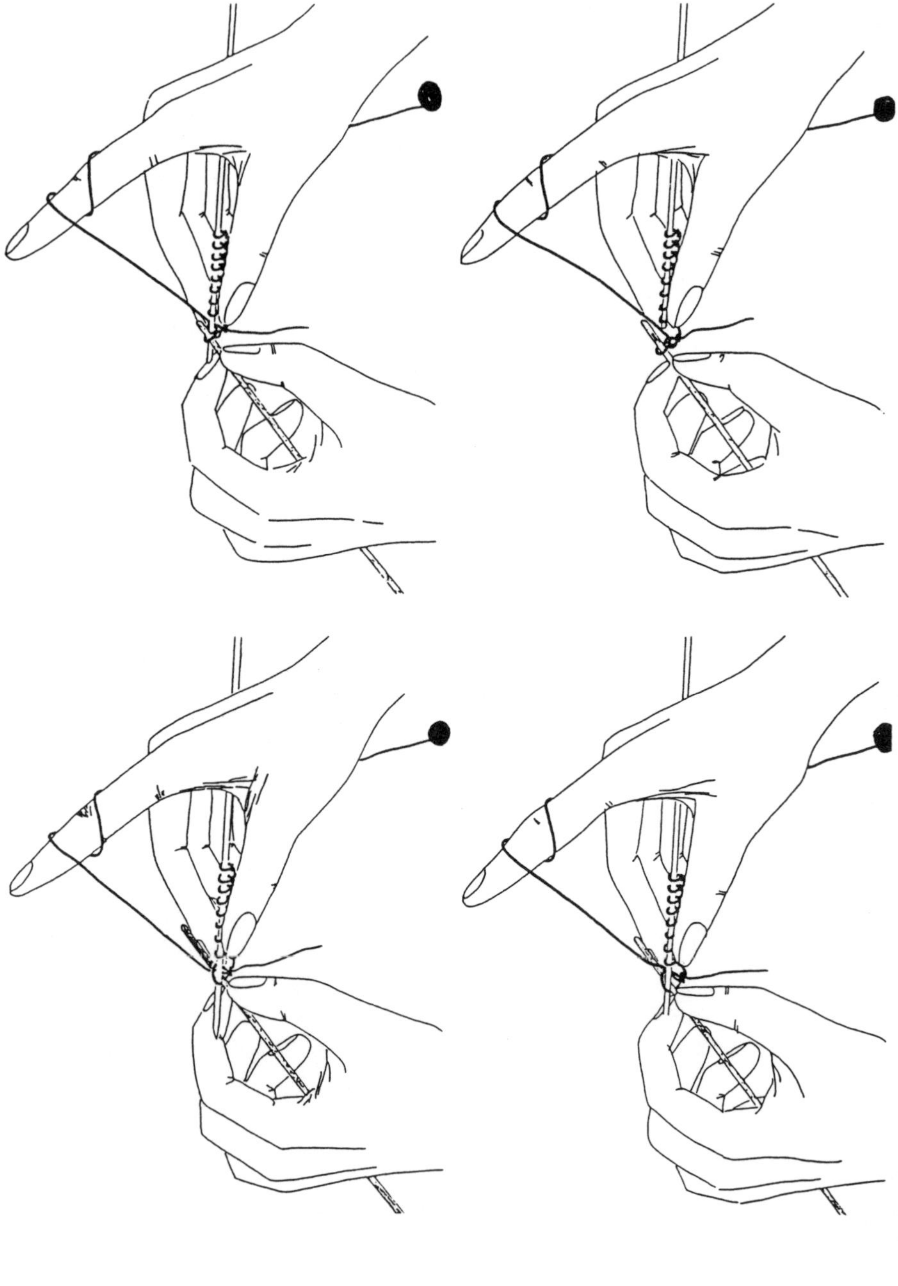

VERKEHRTE MASCHEN FÜR LINKSHÄNDER 1 - 4

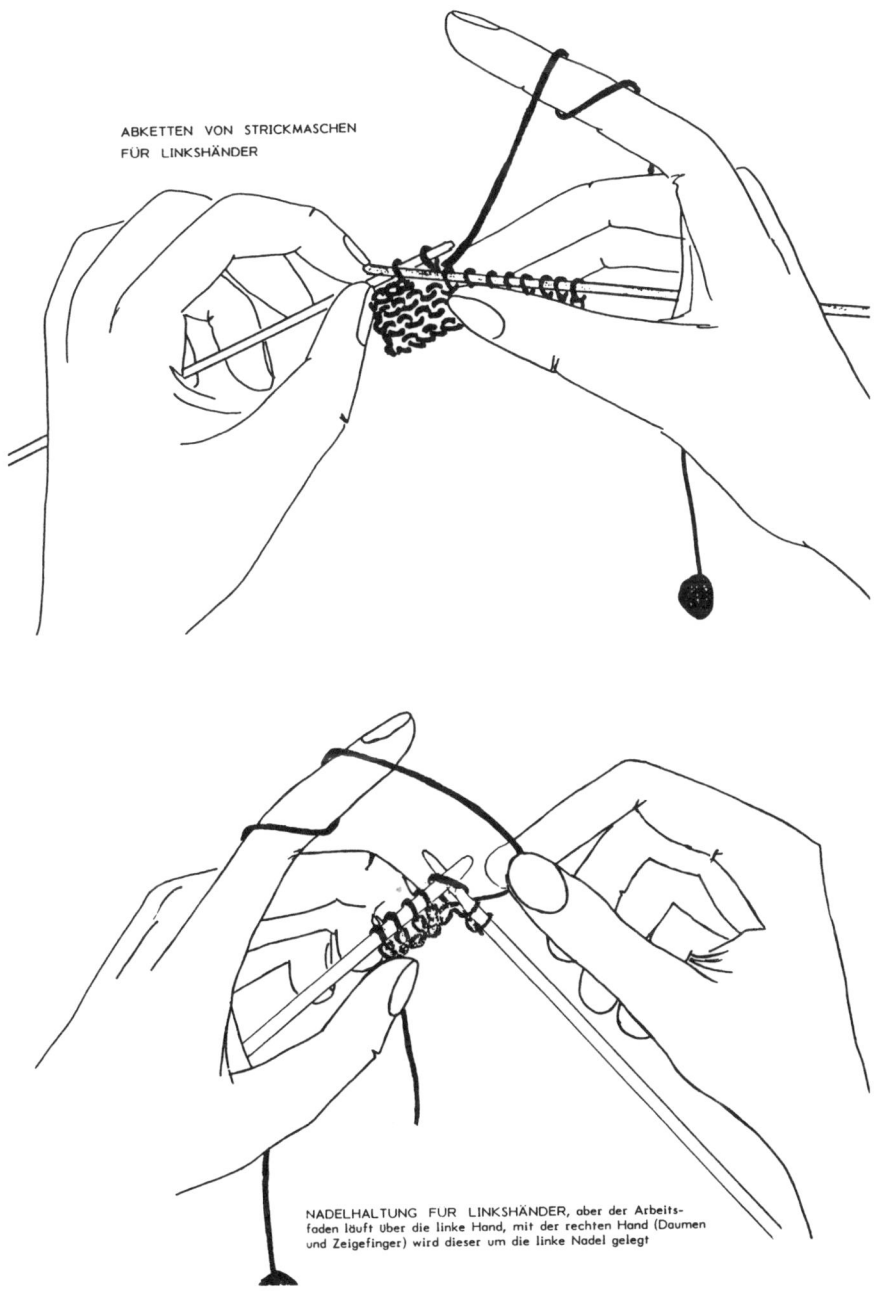

ABKETTEN VON STRICKMASCHEN
FÜR LINKSHÄNDER

NADELHALTUNG FÜR LINKSHÄNDER, ober der Arbeitsfaden läuft über die linke Hand, mit der rechten Hand (Daumen
und Zeigefinger) wird dieser um die linke Nadel gelegt

Sticken

- Die **Arbeitsrichtung** der einzelnen Stiche ist immer die Entgegengesetzte vom Rechtshänder:

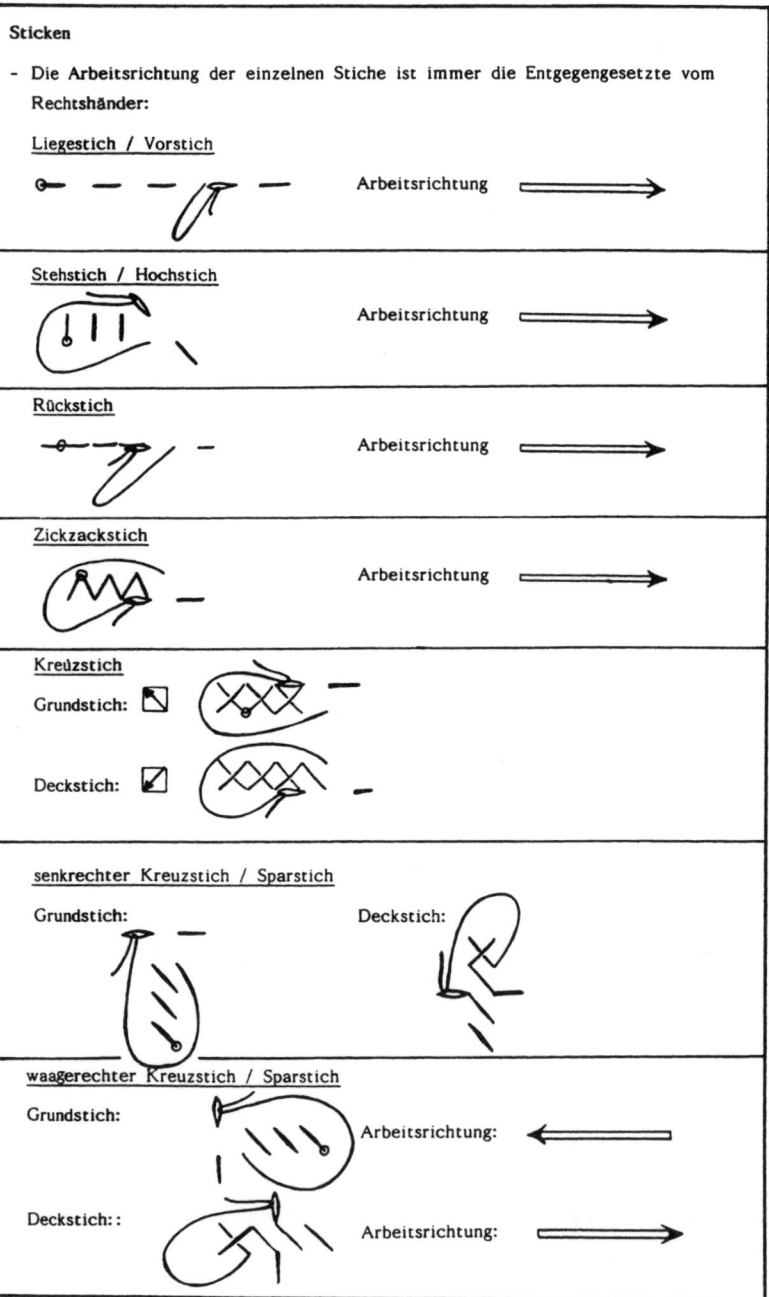

Liegestich / Vorstich

Arbeitsrichtung ⟹

Stehstich / Hochstich

Arbeitsrichtung ⟹

Rückstich

Arbeitsrichtung ⟹

Zickzackstich

Arbeitsrichtung ⟹

Kreuzstich

Grundstich:

Deckstich:

senkrechter Kreuzstich / Sparstich

Grundstich: Deckstich:

waagerechter Kreuzstich / Sparstich

Grundstich: Arbeitsrichtung: ⟸

Deckstich: :   Arbeitsrichtung: ⟹

108

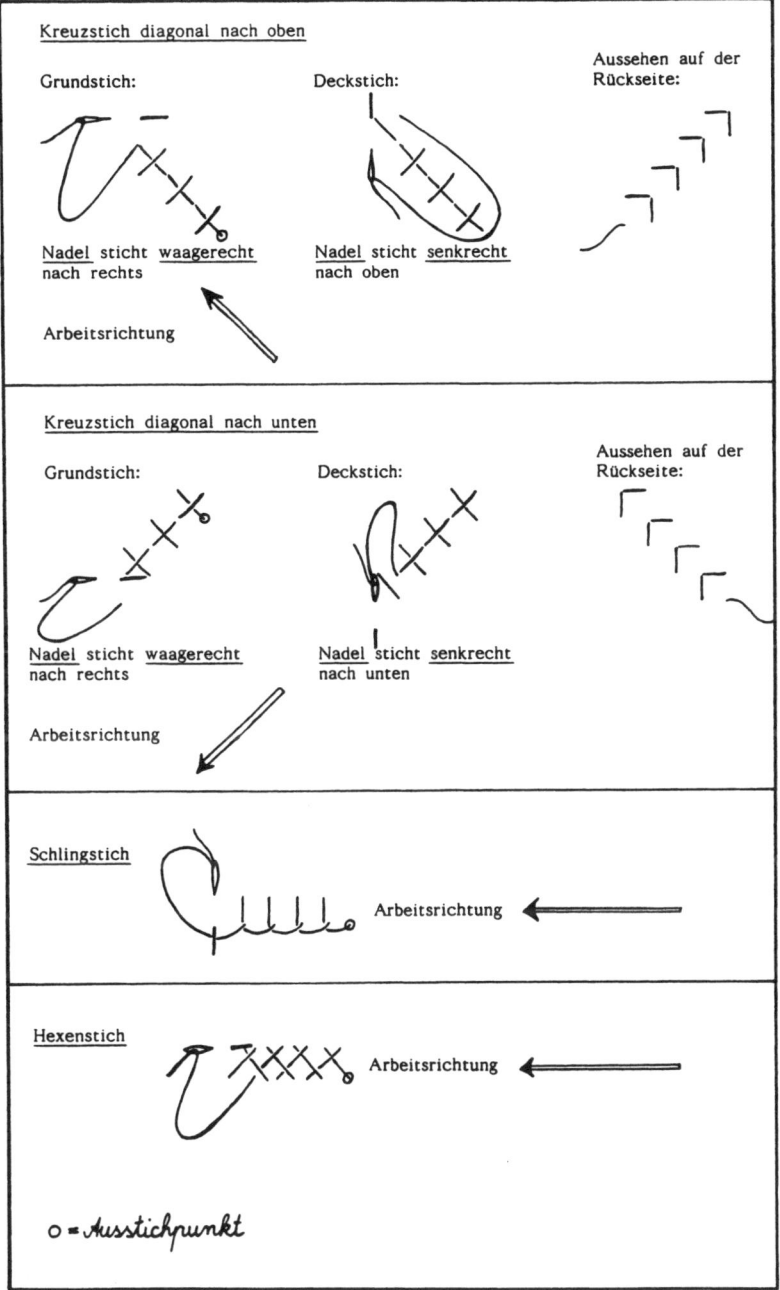

Kreuzstich diagonal nach oben

Grundstich: Deckstich: Aussehen auf der
                                                             Rückseite:

Nadel sticht waagerecht   Nadel sticht senkrecht
nach rechts   nach oben

Arbeitsrichtung

Kreuzstich diagonal nach unten

Grundstich: Deckstich: Aussehen auf der
                                                             Rückseite:

Nadel sticht waagerecht   Nadel sticht senkrecht
nach rechts   nach unten

Arbeitsrichtung

Schlingstich   Arbeitsrichtung

Hexenstich   Arbeitsrichtung

o = Ausstichpunkt

LINKSHÄNDIGKEIT IM LEHRPLAN

Der Umgang mit linkshändigen Kindern beim Erstschreiben wird in den Lehrplänen der deutschen Bundesländer unterschiedlich gehandhabt. Oft finden sich praktische Hinweise zur Schreibhaltung, zum Sitzplatz und zum Lichteinfall.

Auszüge aus den Lehrplänen, Fach Deutsch, Erstschreiben, sind in dem Buch „Der umgeschulte Linkshänder oder Der Knoten im Gehirn"[1] zusammengestellt.

Ausgesprochen umfassend wurde Linkshändigkeit in der Neufassung des Lehrplans für Grundschulen in Bayern berücksichtigt. Es wird besonders darauf hingewiesen, dass „Linkshänder ... nicht zum bevorzugten Gebrauch ihrer nicht dominanten Hand angehalten werden" dürfen. „Die angeborene Händigkeit darf nicht umgeschult werden."[2]

Und im Fachprofil Werken/Textiles Gestalten wird betont: „Bei Linkshändigkeit sind den Schülern fachlich adäquate Hilfestellungen anzubieten."[3]

In dem Kommentar zu diesem Lehrplan werden die Hinweise zur Linkshändigkeit einzeln aufgeführt und erläutert[4].

---

1 Sattler, Johanna Barbara, Der umgeschulte Linkshänder oder Der Knoten im Gehirn, S. 359–370.
2 Vertrieb des Lehrplans: R. Oldenbourg Betriebs GmbH, Kirchheim b. München, 2000, S. 78 (die Hauptpassagen zur Linkshändigkeit findet man auch im Internet unter www.lefthander-consulting.org/deutsch/lehrplanbayern.htm.
3 Ebenda, S. 45.
4 Sattler, Johanna Barbara, „Erläuterungen zur Linkshändigkeit". In: Auer, Margot, Hartwig, Horst W. (Hrsg.), Lehrplankommentar für die bayerische Grundschule. Didaktische Grundlagen und praktische Umsetzung. Band 1: Jahrgangsstufen 1 und 2. Auer Verlag, Donauwörth, 2001, S. 279–284.

STERBEN LINKSHÄNDER FRÜHER?
AUSEINANDERSETZUNG MIT EINER WISSENSCHAFTLICHEN STUDIE

Vorbemerkung

Der Problematik der Linkshänder und umgeschulten Linkshänder ist eine wissenschaftliche Behandlung abträglich, die nicht auf der Basisforschung steht. Auch wenn bestimmte Eigenschaften sehr genau und mit großem Aufwand untersucht werden, nützen die Ergebnisse wenig, wenn die Ausgangsdaten nicht stimmen. Hier gilt auch heute noch das in der Antike formulierte Gesetz, das besagt, dass ein auf einer Prämisse aufgebautes Prädikat keinen Wert hat, wenn diese Prämisse nicht stimmt.

Ein Artikel über die angeblich frühere Sterblichkeit der Linkshänder wurde von vielen Zeitschriften und anderen Publikatoren zitiert und interpretiert. Das irritierte besonders Eltern linkshändiger Kinder, und manche äußerten sogar die Hoffnung, durch eine Umstellung des linkshändigen Kindes auf die rechte Hand die vermeintlich kürzere Lebenserwartung ihres Kindes wieder aufzuheben. Aus diesem Grund ist die kritische Stellungnahme gerade für Lehrer, die, wie es sich in der Praxis zeigt, mit dieser Argumentation unerwartet oft konfrontiert werden, hier aufgeführt.

Die Behauptung, *Linkshänder würden durchschnittlich neun Jahre früher als Rechtshänder sterben,* wurde durch eine Agenturmeldung verbreitet. Es wurden Forschungsergebnisse des Artikels „Handedness and Life Span" (Händigkeit und Lebensdauer) von Diana F. Halpern und Stanley Coren[1] zitiert.

Inhalt der Studie

Die Autoren hatten beobachtet, dass das Zahlenverhältnis von Linkshändern zu Rechtshändern in der Bevölkerung wesentlich mit dem Alter abnimmt (Verringerung von 13% bei 20-Jährigen zu weniger als 1% bei 80-Jährigen). Dies hat sie zu der Hypothese geführt, dass Linkshändigkeit mit einer verminderten Lebensdauer verbunden werden könne.

Das angewandte Testdesign sah folgendermaßen aus: Die Autoren ließen sich die Totenscheine von Verstorbenen aus zwei Ländern in Süd-Kalifornien zukommen. Zweitausend Fragebögen, mit Fragen zur Händigkeit des verstorbenen Familienmitgliedes, wurden an den nächsten Verwandten versandt, 987 Rückantworten wurden verwendet (495 männliche und 492 weibliche Personen).

---

1 In: The New England Journal of Medicine, Nr. 14, Volume 324, 4. April 1991, S. 998.

Alle die Personen wurden als Rechtshänder bezeichnet, die mit der rechten Hand
- schrieben,
- zeichneten und
- einen Ball warfen.

Alle anderen Personen (die Autoren unterscheiden Linkshänder und „Gemischt-
Händer") wurden einer nicht rechtshändigen Gruppe zugeordnet.

Das in den Medien als sensationell dargestellte Forschungsergebnis war, dass das
durchschnittliche Lebensalter von Rechtshändern 75 Jahre, dagegen das von Linkshändern nur 66 Jahre betrug.

Dann analysierten die Autoren noch die einzelnen Todesursachen, wie sie in den
Totenscheinen angegeben waren. Sie stellten fest, dass Linkshänder eher dazu
neigen, an Unfällen und Verletzungen zu sterben, als Rechtshänder, was anderen
Untersuchungen dieser Autoren entspräche. Sie betonen aber, dass sie nicht unter-
stellen, dass der Gebrauch der linken Hand das Risiko des früheren Todes verur-
sache. Sie hielten es dagegen für wahrscheinlich, dass die Wechselbeziehungen von
Linkshändigkeit und „Nichtlinkshändigkeit" (ein erklärungsbedürftiger, von den
Autoren nicht weiter ausgeführter Begriff) verantwortlich für das ansteigende
Risiko sei. So könnte Linkshändigkeit versteckte neuropathologische Merkmale
(vielleicht als Folge von vorgeburtlichen und nachgeburtlichen Komplikationen)
oder Dysfunktion des Immunsystems anzeigen.

Kritische Stellungnahme zur Studie

Der Artikel wirft mehr Fragen auf, als er beantwortet. Der eine Teil der Fragen bezieht sich auf die Methoden der Datenerhebung, und zwar der Feststellung der
Händigkeit durch Fremdeinschätzung. Hier kommt zusätzlich erschwerend hinzu,
dass der Verstorbene, über dessen Händigkeit Aussagen gemacht werden sollten,
nicht mehr beobachtet werden kann.

Die andere Fragengruppe bezieht sich auf das Testdesign, das entweder sehr unzu-
reichend war oder äußerst nachlässig beschrieben wurde.

Feststellung der Linkshändigkeit durch Fremdeinschätzung

Schon die Selbsteinschätzung der eigenen Händigkeit ist eine äußerst schwierige
Angelegenheit, denn Linkshändigkeit oder Rechtshändigkeit ist Ausdruck einer
festgelegten Dominanz im menschlichen Gehirn, und Angewöhnung und bestimmte gelernte Präferenzen beim Handgebrauch verzerren bereits das Bild.

Und auch die mangelnde Präzision bei der Begriffsbestimmung, „was ein Linkshänder ist", sowohl in der Bevölkerung als auch bei vielen Fachleuten, macht
Eigen- oder Selbsteinschätzung zu einer wissenschaftlich sehr fraglichen Methode.

Man erhält so eher soziologische Aussagen, und zwar darüber, wie unklar und unreflektiert der Begriff Linkshänder in der heutigen Gesellschaft ist.

Wie sich in der Praxis immer wieder herausstellt, lässt sich die Ausübung der Händigkeit sehr leicht durch Einwirkung der Umgebung auf das Kind beeinflussen. Diese Beeinflussung der Händigkeit findet oft sehr früh im Leben eines Menschen statt – im frühen Kindesalter bis spätestens bei Schulbeginn –, und viele Menschen vergessen oder verdrängen diese Einflussnahme und stellen nur noch fest, dass sie Tätigkeiten nicht vorwiegend mit einer Hand ausführen oder dass sie rechts schreiben, aber ansonsten alles andere links durchführen. Sie sind dann unsicher und wissen nicht, als was sie sich definieren sollen: als Rechtshänder, Beidhänder, umgeschulte Linkshänder oder Linkshänder. Tatsächlich sind sie aber von ihrer im Gehirn angelegten Dominanz her Linkshänder, und wie sich die natürliche Farbe der Haare nicht ändert, auch wenn man sie künstlich färbt, sondern die Haare immer wieder in dem eigentlichen Farbton nachwachsen, bleibt die ursprüngliche Händigkeit erhalten. Sie äußert und setzt sich somit weiter durch, in (durch Erziehung und Übung nicht beeinflussten) spontanen und sogar neuen Bewegungen, die ein Mensch z. B. am Arbeitsplatz erlernen muss.

Noch weit problematischer ist aber die Methode der Fremdeinschätzung, und sie ist noch fragwürdiger, wenn es sich dabei um Eigenschaften der bereits verstorbenen Familienmitglieder handelt, die man nicht mehr fragen kann, um so die gemachten Angaben über den Verstorbenen zu überprüfen.

Fremdeinschätzung der Händigkeit ist weiter eine sehr unsichere Methode, weil sie unbeabsichtigt und sehr leicht verfälscht werden kann, durch falsches Erinnern, eigene Vorurteile gegenüber Linkshändern und durch den Fakt, dass das Wissen über die Händigkeit eines Familienmitgliedes keine als existentiell empfundene Rolle einnimmt.

Hingegen z. B. das Wissen, dass ein Familienmitglied Diabetiker war und die Aufnahme von normalem Zucker für ihn unmittelbar lebensbedrohende Folgen haben konnte, vergessen die Hinterbliebenen nicht so schnell.

Linkshändigkeit wird aber bereits von Eltern bei ihren eigenen Kindern häufig nicht wahrgenommen bzw. nicht sorgfältig beobachtet, auch wenn sie bei der Erziehung ansonsten viel Sorgfalt walten lassen. Um wie viel weniger Wert haben dann Aussagen über Händigkeit als eine Eigenschaft, die man bei Verwandten mit zunehmendem Alter und oft auch zunehmender Entfernung im Lebensraum und verminderter Mobilität (keine gemeinsame Wohnung oder Leben im Altersheim) in der Vergangenheit richtig beobachtet haben sollte bzw. an die man sich heute richtig erinnern soll?

Es ist fast unvorstellbar, dass mit methodisch so fragwürdig ermittelten Basisdaten wissenschaftliche Aussagen über Eigenschaften einer möglicherweise relativ großen Bevölkerungsgruppe gemacht werden.

Testdesign und schriftliche Darstellung der durchgeführten Untersuchung

Es geht aus dem Artikel nicht hervor, wie groß die Gruppe der durch die Fragebögen ermittelten Linkshänder überhaupt war.

Man könnte nach dem ersten Satz auf eine Gruppe von 9 bis allerhöchstens 98 Linkshändern spekulieren, also zwischen 1 bis 13 Prozent der untersuchten Personen. Die Übrigen wären dann Rechtshänder. Der frühzeitige Tod nur eines einzigen Linkshänders würde die Statistik massiv und unverhältnismäßig verzerren.

Weiter geht aus dem Artikel nicht deutlich hervor, welche Händigkeitsgruppen überhaupt miteinander verglichen wurden. Zunächst nimmt man an, dass Rechtshänder und Linkshänder verglichen wurden. Aber dann irritiert das Ende des zweiten Absatzes: Als Rechtshänder werden Personen definiert, die mit der rechten Hand schrieben, zeichneten und einen Ball warfen. Alle anderen Personen wurden als „nicht rechtshändige Gruppe (Linkshänder und Gemischt-Händer)" bestimmt. Im Folgenden wird nie wieder von einer „nicht rechtshändigen Gruppe" gesprochen, woraus der Leser annehmen muss, dass die Gruppe der Linkshänder und die „nicht rechtshändige Gruppe" für die Autoren identisch ist.

Die Verwirrung setzt sich am Schluss des Artikels fort, wo die Autoren eine Wechselbeziehung zwischen Linkshändigkeit und „Nichtlinksseitigkeit" für das ansteigende Risiko verantwortlich machen. Es ist nicht klar, ob hier adäquate Gruppen miteinander verglichen werden oder in der Gruppe der nicht pathologischen Linkshänder eine pathologische Gruppe eingeschlossen ist.

Genau so zu hinterfragen ist aber natürlich die Gruppe der Rechtshänder. Hier berücksichtigen die Autoren überhaupt nicht die Umschulung der Linkshändigkeit, die auch in den USA früher und auch heute noch zwar weit seltener als bei uns, aber doch vorgenommen wurde. Dabei wurde der Umschulungseffekt in einem Teil der medizinischen Literatur schon sehr früh als „brain-breaking" bezeichnet, was aber die öffentliche Meinung überhaupt nicht beunruhigte. Somit taucht automatisch die Frage auf, wie groß der Anteil der völlig für Schreiben, Zeichnen und Werfen umgeschulten Linkshänder in der Rechtshändergruppe ist?

Weitere in dem Versuchsdesign und der Beschreibung der Ergebnisse nicht geklärte Fragen bleiben offen:

Aus welchen Gründen können über die Hälfte der versendeten Fragebögen nicht benutzt werden oder kam nur die Hälfte zurück?

Wie kommt es, dass fast genau die Hälfte der verwendeten Fragebögen über Männer (495) und die andere Hälfte der Frauen (492) berichtet?

Wie hoch war der Prozentsatz an Linkshändern in der Untersuchung?

Um welche ethnischen Bevölkerungsgruppen handelt es sich bei den beiden Ländern in Süd-Kalifornien? Wie viele Menschen sind darunter, die aus Mexiko stammen und stark im religiösen Glauben – und so bedingten Vorurteilen gegenüber Linkshändigkeit – verhaftet sind?

Handelt es sich hier überwiegend um eine Land- oder eine Stadtbevölkerung bzw. wie ist die Relation?

Schließlich bleibt noch die Auswahl der untersuchten Tätigkeiten zu hinterfragen. Besonders Schreiben und Zeichnen unterliegen den Umschulungsbemühungen von Eltern und Erziehenden. Sicher war es die Absicht der Autoren, Tätigkeiten zu finden, an die sich die Hinterbliebenen noch am ehesten erinnern können, doch lohnt sich überhaupt eine Fragestellung zu untersuchen, wenn man im Voraus feststellen kann, dass diese Tätigkeiten wahrscheinlich wenig über die tatsächliche Händigkeit aussagen werden?

Bei all diesen Fragen erscheint eine Diskussion der Ergebnisse praktisch unmöglich, bzw. sie wird zur reinen Spekulation wegen ungeklärter grundsätzlicher Fragen und zur Zeitverschwendung.

Im oben genannten Artikel wurde ein zweiter Schritt vor dem ersten getan: Wir werden noch lange nicht so weit sein, eine objektive Statistik erstellen zu können, die über den tatsächlichen Linkshänderanteil in der Bevölkerung (z. B. Amerikas) wissenschaftlich aussagekräftig sein wird.

Resümee:

Es ist wahr, dass insbesondere umgeschulte Linkshänder im Verkehr und am Arbeitsplatz erhöhter Unfallgefahr ausgesetzt sind. Man braucht nur die Ergebnisse der gestörten Dominanz durch die Umschulung mit meist weit erhöhter Rechts-links-Unsicherheit, unterstützt durch eine Stresssituation, zu betrachten. Erschwerend kommen oft für Linkshänder falsch platzierte Bedienungselemente und Notschalter bei Maschinen hinzu.

Medizinisch wirkt sich sicher auch der von umgeschulten Linkshändern dauernd benötigte erhöhte Energieeinsatz aus, entsprechend dem Bedürfnis nach erhöhter Konzentration, Gedächtnisfehlleistungen kompensierenden, komplizierten mnemotechnischen Hilfskonstruktionen der Denkvorgänge und daraus resultierender früherer bzw. abrupter Ermüdung. Die Wirkung von einer andauernden Anspannung und von Stress auf die Funktion des Immunsystems sind auch ausreichend bewiesen. Das alles kann tatsächlich zu einer erhöhten Gefährdung und dadurch bedingten früheren Sterblichkeit der Betroffenen führen.

Auf der anderen Seite eignete sich aber das veröffentlichte Testdesign dieser Studie nicht zur Beweisführung für die vertretene Hypothese. Die Problematik der Händigkeit im Hinblick auf die Hirnhemisphärenlateralisation ist weit komplizierter, und die beschriebene Untersuchung kann höchstens in die wahrscheinliche Richtung weisen, wo sich aber die genannten Zahlen und deren Relation mehr oder weniger per Zufall bewegen.

Dadurch kam neben dem unpräzisen methodischen Vorgehen ein zweiter großer Fehler zum Vorschein: die nicht sorgfältig genug interpretierte Kausalität.

In den Medien wurde dann umso leichter das Ergebnis, die frühere Sterblichkeit als quasi angeborene Eigenschaft der Linkshänder dargestellt, als eine Schicksalshaftigkeit und nicht als ein durch die gesellschaftlichen Prozesse, also durch den Menschen selbst verursachtes Ereignis[1].

---

1 Diese Ausführungen wurden 1991 im Medienauftrag von der Autorin erarbeitet.

REFERATSSKIZZE

über

Das linkshändige Kind – seine Begabungen und seine Schwierigkeiten
Von Dr. Johanna Barbara Sattler[1]

Vorbemerkung

Diese Referatsskizze soll eine kurze Übersicht über die für die Praxis wesentlichen Fragen und Überlegungen geben und einen Beitrag zum heutigen Umgang mit der Linkshändigkeit und mit linkshändigen Kindern leisten. Das stichpunktartige Skript stützt sich inhaltlich auf die vorherigen Kapitel. Zur Vertiefung einzelner Punkte sind neben den bereits zitierten Arbeiten im Literaturverzeichnis weitere wissenschaftliche Veröffentlichungen angegeben.

Zur Problematisierung

FOLIE: Ente/Hase

Ente-Hase-Test: Linkshänder sollten eher den Hasen (ihre Blickrichtung verläuft bevorzugt von rechts nach links), Rechtshänder eher die Ente (Blickrichtung bevorzugt von links nach rechts) spontan wahrnehmen[2].

Einfache, früher hauptsächlich benutzte Tätigkeitsmerkmale zur Bestimmung der Händigkeit:

- Händefalten (welcher Daumen ist oben?)
- Armeverschränken (welcher Arm ist oben?)
- Klatschen (welche Hand klatscht in die andere?).

---

1 Das Copyright liegt bei der Autorin. Vervielfältigung ist mit Quellenangabe gestattet. Inzwischen liegt als Hilfe für Lehrerinnen und Lehrer zur Information beim Elternabend vor: Sattler, Johanna Barbara: Das linkshändige Kind – seine Begabungen und seine Schwierigkeiten. Auer Verlag, Donauwörth, 2003, 2004[2].
2 Ente-Hase-Test nach J. Perret, Zeichnung von Monika Mulzer-Adam, Auer Verlag, Donauwörth, 2004.

1.   Was ist Händigkeit als physiologisches Phänomen, und woran erkennt man Linkshändigkeit?

Ente-/Hase-Blickrichtung sowie Händefalten, Armeverschränken und in die Hände klatschen sind *keine* ausreichenden Merkmale zur Feststellung der Händigkeit!

Woran erkennen Eltern und Pädagogen die Linkshändigkeit des Kindes?
Tätigkeitswahrnehmungen: sich melden, Fenster und Türen öffnen, Hand geben, essen, hantieren, malen, schreiben, basteln (schneiden unterliegt stark Angewohnheit, Nachahmung und dem frühzeitigen Vorhandensein einer Linkshänderschere) u. Ä.

Typische Eigenschaften: Spiegelschrift, Beginn des Schreibens und Lesens rechts oben (zum Erlernen der Leserichtung von links nach rechts sind Bücher zu empfehlen, von Sigrid Heuck, „Ponny, Bär und Apfelbaum" u. a., und Margarete Rettich, „Besuch für Tom und Mia" u. a.).

Linkshändige Kinder können sich oft gut allein beschäftigen.

Für Pädagogen und Schulpsychologen:
- Händigkeitsfragebogen
- HDT – Hand-Dominanz-Test von Steingrüber und Lienert: Darlegung der Grenzen des HDT, wenn er ohne Berücksichtigung von möglichen Umschulungsversuchen eines linkshändigen Kindes angewendet wird.

FOLIE: Händigkeitstestbogen „Spurennachzeichnen" des HDTs
FOLIE: Händigkeitstestbogen „Kreispunktieren" des HDTs

Man kann hier auch jedem Zuhörer ein Blatt zum Spurennachzeichnen und Kreispunktieren geben und an einer Person den Test durchführen (12 Sekunden Zeit bei Erwachsenen) und die Ergebnisse, besonders von umgeschulten erwachsenen Linkshändern, besprechen.

FOLIE: Zwei Beispiele des Spurennachzeichnens. Beide getesteten Kinder sind Linkshänder.
- „Punktiertest für Kinder (PTK). Leistungsdominanztest" von Schilling (noch nicht normiert auf dem Markt)

FOLIE: Händigkeitstestbogen des „Punktiertests für Kinder (PTK)"
- Computeruntersuchungsapparatur zur Feststellung der Händigkeit (bisher noch nicht auf dem Markt): gleichzeitiges Messen verschiedener Parameter, was in keiner Testbatterie entsprechend durchgeführt werden kann, das Tests nicht gleichzeitig, sondern hintereinander gemacht werden müssen und es schon dadurch zu Verzerrungen, z. B. durch Ermüdung, Konzentrationsabfall u. Ä., kommt.

Was ist Händigkeit?

Definition: Überlegenheit der rechten oder linken Hand, größere Geschicklichkeit, mehr Kraft, längere Ausdauer

Dominanz einer Gehirnhälfte, kontralateral

FOLIE: Kontralaterale Verbindung Gehirn – Hände

Unser Wissen über die Gehirnhemisphärenlateralisation:
- Sprachzentrum – Brocas Entdeckung des motorischen Sprachzentrums 1861
- Kriegs- und Unfallverletzungen des Kopfes und Krankheiten des Gehirns (Tumore, Schlaganfall)
- Gehirnhemisphärenlateralisationsforschung seit Roger Sperry (Nobelpreis 1981): Split-Brain-Operationen seit frühen sechziger Jahren
- Lähmung je einer Gehirnhälfte durch Elektroschocks, russische Forschung (Deglin, 1976)
- Lähmung durch Betäubung einer Gehirnhälfte, Anästhesierung durch Spritze in linke oder rechte Halsarterie (Wada-Test, auch Natriumamobarbital- oder Natrium-Amyta-Test; Springer, Deutsch, 1987, S. 15)
- Umschulung der Händigkeit

2.   Aufteilung der Gehirnhemisphärenspezialisation

FOLIE: Die Hemisphärenspezialisationen
       links: analytisches Denken (dominant beim Rechtshänder)
       rechts: synthetisches Denken (dominant beim Linkshänder)

DIE HEMISPHÄRENSPEZIALISATIONEN [1)]

linke Hemisphäre (rechte Körperseite)	rechte Hemisphäre (linke Körperseite)
analytisches, logisches Denken, linear, d.h. aufeinander folgend	synthetisches, ganzheitliches Denken, beziehungsreich und gleichzeitig

Sprachzentrum

Zeit	Raum und Perspektive
	körperliche Vorstellung im Raum
	räumliche Orientierung
	bildhafte Vorstellung
	Erkennen von Gesichtern
	Melodiegedächtnis
	Erkennen von Tonhöhen
	Erkennen vom Tonfall in der Stimme
	Gefühlsverständnis
	Ausdrucksverständnis
	sprachfreie, soziale Wahrnehmung
Intellekt	Intuition
optimistisch	pessimistisch

Hinweise zu anatomischen Unterschieden und weiterführende Literatur findet man bei: Norman Geschwind, "Specializations of Human Brain". In: Scientific American. September 1979, Volume 241, Number 3. 158-168. - Ornstein, 1976. S. 73-74. - Sandra F. Witelson, "Neuroanatomical Asymmetry in Left-Handers: A Review and Implications for Functional Asymmetry". In: Neuropsychology of Left-Handedness, edited by Jeannine Herron. New York, 1980. 83-108.

---

1 Sattler, Johanna Barbara, Ikonographische und psychologische Aspekte der „Seitigkeit" in der Kunst. Diss., München, 1983, S. 122.

3. Folgen der Umschulung der Händigkeit

Primärfolgen:

- Gedächtnisstörungen (besonders beim Abrufen von Lerninhalten)
- Konzentrationsstörungen (schnelle Ermüdbarkeit)
- legasthenische Störungen (Lese- und Rechtschreibschwierigkeit)
- Sprachstörungen (Stammeln bis zum Stottern)
- Raum-Lage-Labilität (Verwechseln von links und rechts)

FOLIE: Typische Beispiele für Spiegelschrift
FOLIE: Horizontalspiegelungen: Gesichtszeichnung und Schrift

- feinmotorische Störungen

Dies alles kann sich manifestieren bei Erhaltenbleiben der Intelligenz: Abrufen von Wissen und insbesondere schriftliches und mündliches Äußern sind gestört – das Denken dagegen nicht! –, so entsteht eine unbegreifliche Diskrepanz. „Es ist wie eine Blockade, ein Wackelkontakt im Gehirn."

Sekundärfolgen:

- Minderwertigkeits- und Unsicherheitsgefühle
- Überkompensation durch erhöhten Leistungseinsatz oder durch auffälliges Verhalten, wie „Klassenkasperl" u. Ä.
- Nägelkauen und Bettnässen
- Unlust zum Basteln und Malen in Kindergarten und Schule
- neurotische Verarbeitungen (häufig gestörtes Sozialverhalten) und psychosomatische Störungen, wie Migräne, Magen- und Darmbeschwerden, Herzbeschwerden u. a. psychosomatische Krankheitsbilder, bis ins Erwachsenenalter
- Störungen im Persönlichkeitsbild

Vorsicht: Manche dieser Eigenschaften treten sowohl bei Rechtshändern, bei nicht umgeschulten Linkshändern sowie bei umgeschulten Linkshändern auf und können durch verschiedene zerebrale Funktionsstörungen (derzeit spricht man vor allem von einer MCD – Minimale cerebrale Dysfunktion) hervorgerufen worden sein – Teilleistungsstörungen in der Schule.

4. Ab wann tritt Händigkeit auf, und wie hoch ist der statistische Linkshänderanteil in der Bevölkerung?

- Linkshändigkeit zeigt sich meistens bereits ab ca. 12 bis 15 Monaten.
- Manchmal ist ein anscheinender Wechsel der Händigkeit zu beobachten, die sich dann erst später richtig festlegt. So neigen teilleistungsgestörte Kinder erfahrungsgemäß in den ersten Lebensjahren häufiger zum Wechsel der Handpräferenz für bestimmte Tätigkeiten und werden manchmal als Beidhänder betrachtet.

- Händigkeit wird vererbt.

- Beidhändigkeit: Frage, ob es eine wirkliche Beidhändigkeit – also eine Nicht-dominanz einer Gehirnhälfte – überhaupt bei dem normal entwickelten Kind gibt?
(Vorsicht: Es droht eine komplizierte Diskussion durch viel statistisch verfälschtes Zahlenmaterial, wenn z. B. nur eine ausgewählte Gruppe und nicht ein repräsentativer Durchschnitt der Gesamtpopulation untersucht wurde.)

- Statistik: Mit wachsender Toleranz gegenüber Linkshändigkeit wächst auch der Anteil an nicht umgeschulten Linkshändern; heutzutage ist es bereits keine Seltenheit mehr, in Grundschulklassen einen Anteil von 20% bis 30% nicht umgeschulter Linkshänder zu finden; eine Dunkelziffer an umgeschulten Linkshändern, die sich automatisch als Rechtshänder bezeichnen, ist nach wie vor anzunehmen, sodass die Hypothese von 50% Linkshändern nicht von der Hand zu weisen ist. Statistisch ist die Selbsteinschätzung der Händigkeit, ohne Überprüfung, mit äußerster Vorsicht zu betrachten und sie führt oft zu den größten Irrtümern in darauf aufgebauten Hypothesen und Prognosen.

- Lateralität: Äugigkeit, Ohrigkeit, Füßigkeit
Die Hypothese, dass die Linkshändigkeit eines Kindes umso sicherer sei, wenn auch bei Ohren, Augen und Füßen eine linke Dominanz besteht, ist eine Arbeitshypothese, die manchmal funktioniert, aber von sehr vielen Messfaktoren abhängig ist und die bei unserem heutigen Wissen und den zur Verfügung stehenden Apparaturen oft noch zu unpräzise ist.

Sind Linkshänder klüger oder dümmer als Rechtshänder?

5. Eltern linkshändiger Kinder und ihre Probleme mit der Händigkeit des Kindes

Vorurteile:
FOLIE: Seitenaufteilung und -symbolik im Kirchengebäude
FOLIE: Seitenzuteilung in Kreuzigungsdarstellung
- mythische Vorstellungen, die weit in die Geschichte zurückreichen und links mit allem Schlechten und Minderwertigen verbinden – siehe Sprachgebrauch
- Meinung rechts sei richtig
- Unkenntnis der Gefahren der Umschulung
- Unsicherheit, die Linkshändigkeit des Kindes positiv zu sehen, dazu zu stehen, manchmal auch gegen die Meinung anderer Familienmitglieder, und dadurch Verunsicherung des linkshändigen Kindes selbst

– Unkenntnis der Dinge, auf die bei einem linkshändigen Kind Rücksicht genommen werden sollte, Gefühl der Unsicherheit – Angst

6. Der Umgang mit dem linkshändigen Kind im Kindergarten bei Schuleintritt und in der Grundschule

a) Wichtig ist positive Verstärkung des Kindes – Linkshändigkeit ist normal

b) richtige Platzzuweisung und Lichteinfall

c) richtige Mal- und Schreibhaltung, motorische Übungen
FOLIE: Richtige und falsche Schreibhaltungen bei Linkshändern
FOLIE: Schreibprobe „Wut"
FOLIE: Schreibproben mit richtiger Handhaltung
FOLIE: Lockerungsübungen durch Zeichnen

d) Schreiblehrgänge
FOLIE: Übungsseite aus Schreiblehrgang
FOLIE: Lösungsmöglichkeiten für linkshändige Kinder bei Übungsseite aus Schreiblehrgang
FOLIE: Übungsseite aus Schreiblehrgang ohne eine sinnvolle Lösungsmöglichkeit für linkshändige Kinder

e) Buchstaben sollte auch das linkshändige Kind in der vorgeschriebenen Richtung ausführen, um sich auf Schreibschrift vorzubereiten.
FOLIE: Einüben der richtigen Schreibrichtung der Buchstaben mit linkshändigen Kindern

---

Für Pädagogen und Schulpsychologen:
Blatt aus Schreiblehrgang in Kopie jedem Zuhörer geben und mit der linken Hand, in richtiger Schreibhaltung, schreiben lassen. Haltung bei jedem Einzelnen korrigieren; man muss herumgehen, oft wird Schräglage des Blattes und Stiftende zur linken Schulter vergessen!

---

f) sinnvolle Gebrauchsgegenstände für Linkshänder
  – Schere
  – Füller
  – Spitzer
  – Stuhl mit Collegeplatte links (oft im Musikunterricht verwendet)
  – Kartoffelschäler und Dosenöffner

mit Vorbehalt:
  – Lineal
  – Tasse
  – Flöte

g) Handarbeiten und Basteln mit links

h) Turnunterricht und rhythmische Erziehung

7. Zeitpunkt der Umschulung der Händigkeit und Problematik der Diagnose bei Schuleintritt

Bis zu welchem Alter und unter welchen Umständen ist eine Rückschulung auf die ursprünglich dominante linke Hand sinnvoll und möglich?

FOLIE: Art und Zeitpunkt der Umschulung bei linkshändigen Kindern
 – Umschulung beim Greifen und Fassen ab ca. 15 Monaten (Eltern, nahe Verwandte)
 – Umschulung beim Eintritt in den Kindergarten (mit ca. 30 Jahren, Erweiterung des sozialen Umfeldes)
 – Umschulung beim Eintritt in die Schule (Vater, Lehrer, andere Schüler)

Rückschulung der Händigkeit – zu berücksichtigende Komponenten:

 – Alter des Kindes
 – Haltung in der Familie zu einer Rückschulung (auch die der Großeltern)
 – Haltung des Lehrers zu einer Rückschulung
 – Fähigkeit, mit der linken Hand zu schreiben, Schnelligkeit, Schreibflüssigkeit
 – Stärke der Identifikation des linkshändigen Kindes mit seiner „Pseudo-Rechtshändigkeit"

FOLIE: Schreibproben eines zurückgeschulten Schülers

Liste der Folien
zur Referatsskizze mit Quellenangaben

Folie: Ente-Hase-Test. Methode nach J. Perret. Aus: Josefine Kramer, Linkshändig – Wesen, Ursachen, Erscheinungsformen. Solothurn, 1970, S. 91

Folie: „Spurennachzeichnen" des HDTs. Hand-Dominanz-Tests. H-D-T. Von Hans-Joachim Steingrüber und Gustav A. Lienert, Göttingen, 2. Auflage 1976

Folie: „Kreispunktieren" des HDTs. Steingrüber und Lienert, 1976

Folie: Beispiele des Spurennachzeichnens des H-D-Ts. Die getesteten Kinder sind beide Linkshänder. Bei Christian wurde seine Händigkeitsentwicklung nicht gestört. Bei Uwe wurden Umschulungsversuche im Kindergarten durchgeführt.

Folie: Händigkeitstestbogen des PTKs. Punktiertest für Kinder (PTK). Leistungsdominanztest von Friedhelm Schilling. Institut für Sportwissenschaften und Motologie der Universität Marburg. Test ist noch nicht normiert auf dem Markt.

Folie: Verbindung der Gehirnhemisphären mit den jeweils gegenüberliegenden (kontralateralen) Körperorganen Hände und Augen

Folie: Die Hemisphärenspezialisationen

Folie: Typische Beispiele für Spiegelschrift

Folie: Horizontalspiegelungen: Gesichtszeichnung und Schrift

Folie: Schematische Darstellung der Seitensymbolik und -aufteilung im Kirchengebäude bei geosteter Kirche

Folie: Typische Seitenaufteilung in Bildern der Kreuzigung Christi. Originaldarstellung in der 1870 in Straßburg verbrannten Sammlung „Hortus Deliciarum" der Äbtissin Herrad von Landsberg, 2. Hälfte 12. Jh. Kopie in: Paul Toby, Le crucifix des orgines au Concil de Trente. Étude iconographique, 1959. Nr. 132

Folie: Empfehlenswerte und ungünstige Schreibhaltungen bei Linkshändern

Folie: „Wut", Schreibprobe einer linkshändigen Schülerin (1. Klasse, ca. 12 Wochen nach Schulbeginn). Selbstgewähltes Wort! Oben: in eingeübter, zu steifer Handhaltung. Unten: in erwünschter, neuer Handhaltung

Folie: Schreibproben eines sechsjährigen Mädchens mit ungewohnter, jedoch empfehlenswerte Handhabung unter der Zeile und in Schräglage des Blattes

Folie: Lockerungsübungen der Hand durch Zeichnen

Folie: Übungsseite zum Erstschreiben

Folie: Lösungsmöglichkeiten für linkshändige Kinder bei Übungsseite zum Erstschreiben

Folie: Übungsseite aus Schreiblehrgang ohne eine sinnvolle Lösungsmöglichkeit für linkshändige Kinder

Folie: Einüben der richtigen Schreibrichtung der Buchstaben mit linkshändigen Kindern

Folie: Renaissance-Blockflöte mit verschiedener Haltung der Hände. Abbildung aus: „Musica Getutscht" von Sebastian Virdung, 1511

Folie: Verschiedene Handhaltungen beim Flöten. Abbildung aus der Flötenschule „La Fontegara" von Silvestro Ganassi, Mitte 16. Jahrhundert

Folie: Verschiedene Hand- und Richtungshaltungen der Flauto traverso (Renaissance-Querflöte). Grafik von Urs Graf, 1523

Folie: Art und Zeitpunkt der Umschulungen bei linkshändigen Kindern. Erweitertes Schema aus: J. B. Sattler und D. Krippner, „Das linkshändige Kind bei Schuleintritt. In: Materialien für Schulberatungsstellen. Staatsinstitut für Schulpädagogik und Bildungsforschung, München, 1987

Folie: Schreibproben eines umgeschulten linkshändigen Schülers vor und direkt nach der Rückschulung auf die linke Hand

Verkleinerte Abbildungen der Folien

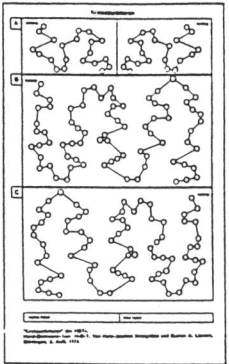

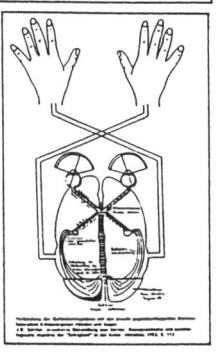

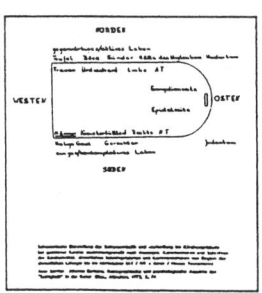

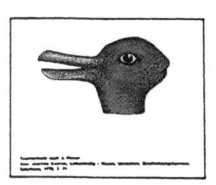

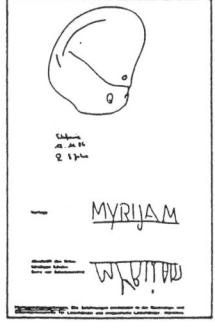

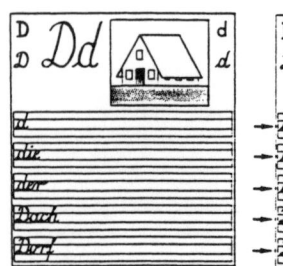
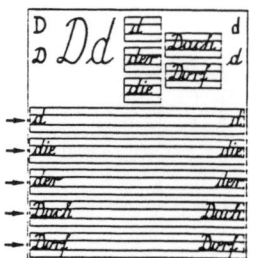

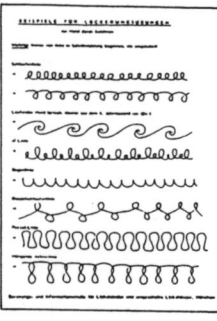
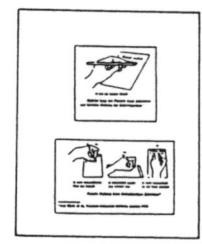
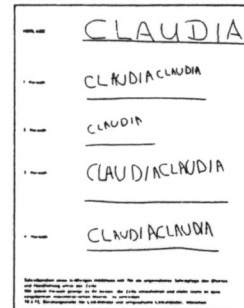

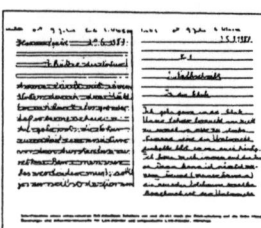
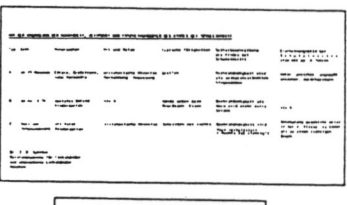
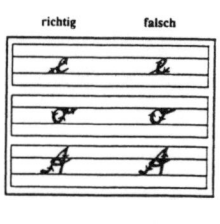

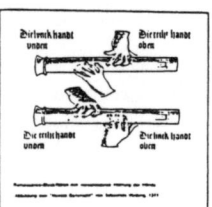

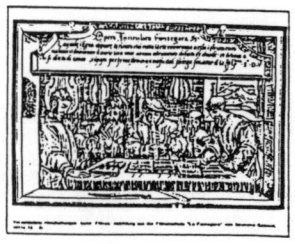

128

LITERATURVERZEICHNIS

KAPITEL 2: WIE DIAGNOSTIZIERT MAN DIE LINKSHÄNDIGKEIT DES KINDES TESTMÖGLICHKEITEN, SCHWIERIGKEITEN FÜR LEHRER UND ERZIEHER

Meyer, Rolf W., Linkshändig? Ein Ratgeber. Fachliche Beratung: J.B. Sattler, Humoldt Verlag Nr. 669, München, 1991, 2003[7]

Olsson, Bo, Andreas Rett, Linkshändigkeit. Verlag Hans Huber, Bern, Stuttgart, Toronto, 1989

Sattler, Johanna Barbara, „Das linkshändige Kind bei Schuleintritt". In: Empfehlungen zur Aufnahme des Kindes in der Grundschule. Herausgegeben vom Staatsinstitut für Schulpädagogik und Bildungsforschung, München, 1989, S.142–149. Und Materialien über „Das linkshändige Kind bei Schuleintritt". Herausgegeben vom Staatsinstitut für Schulpädagogik und Bildungsforschung, München, 1987

Sattler, Johanna Barbara, Ikonographische und psychologische Aspekte der „Seitigkeit" in der Kunst. Diss., München, 1983 – Wieder veröffentlicht in: Sattler, Johanna Barbara, Links und Rechts in der Wahrnehmung des Menschen. Zur Geschichte der Linkshändigkeit. Donauwörth 2000

Sattler, Johanna Barbara, Die Psyche des linkshändigen Kindes. Von der Seele, die mit Tieren spricht. Auer Verlag, Donauwörth, 1998, 2006[5]

Sattler, Johanna Barbara, Links und Rechts in der Wahrnehmung des Menschen. Zur Geschichte der Linkshändigkeit. Auer Verlag, Donauwörth, 2000

Schilling, Friedhelm, Punktiertest für Kinder (PTK). Leistungsdominanztest. Institut für Sportwissenschaft und Motologie, Universität Marburg. Noch nicht veröffentlicht.

Steingrüber, Hans-Joachim, Gustav A. Lienert, Hand-Dominanz-Test. H-D-T. Verlag für Psychologie Dr. C.J. Hogrefe, Göttingen, 2. Auflage 1976

Zuckriegl, Alfred, Linkshändige Kinder in Familie und Schule. Ernst Reinhardt Verlag, München, Basel, 2., verbesserte Aufl. 1981, 1995[5]

KAPITEL 3: PRAKTISCHE HINWEISE FÜR DEN UNTERRICHT

Goede, Julius de, Kalligraphie für Einsteiger. Schönschreiben lernen. Lehrbuch. Augustus Verlag, Augsburg, 1990

Heuck, Sigrid, Ponny, Bär und Apfelbaum. Thienemann Verlag, Stuttgart, 1977. Dies., Ponny, Bär und Abendstern. Thienemann Verlag, Stuttgart, 1985. Dies., Ponny, Bär und Papagei. Thienemann Verlag, Stuttgart, 1983

Mai, Norbert, „Warum wird Kindern das Schreiben schwer gemacht? Zur Analyse der Schreibbewegungen". In: Psychologische Rundschau, 42 (1991), Göttingen, S. 12–18

Naville, Suzanne (Text), Pia Marbacher (Bild), Vom Strich zur Schrift. Ideen und Anregungen zum graphomotorischen Training. verlag modernes lernen, Dortmund, 1991[3]

Pauli, Sabine, Kisch, Andrea, Geschickte Hände zeichnen. Zeichenprogramm für Kinder von 5–7 Jahren. Kopiervorlagen-Mappe. verlag modernes lernen, Dortmund, 1996

Rettich, Margarete, Besuch bei Tom und Mia. Loewes Verlag, Bindlach, 1986

Rettich, Margarete, Vom Huhn, das so allein war. Loewes Verlag, Bindlach, 1986

Sattler, Johanna Barbara, Übungen für Linkshänder. Schreiben und Hantieren mit links. Auer Verlag, Donauwörth, 1996, 2007[9]

Sattler, Johanna Barbara, Schreibunterlagen-Block für Linkshänder. Auer Verlag, Donauwörth, 1996, 2008[9]

Sattler, Johanna Barbara, Schreibtisch-Auflage für Linkshänder. Hochwertiger, rutschfester Kunststoff in den Farben Pop-Rot, Coalt-Blau, Pink, Pinie-Grün mit schwarzer Zeichnung und in der Farbe Schwarz mit weißer Zeichnung. Breite 53 cm, Höhe 42 cm, Auer Verlag, Donauwörth, 2007[5]

Sattler, Johanna Barbara, Übungsheft für Linkshänder. Auer Verlag, Donauwörth, 1997, 2009[10]

Sattler, Johanna Barbara, Das linkshändige Kind – seine Begabungen und seine Schwierigkeiten. Eine Hilfe für Lehrerinnen und Lehrer zur Information beim Elternabend. Auer Verlag, Donauwörth, 2003, 2008[3]

Sattler, Johanna Barbara, Linkshändige Kinder im Krippen- und Kindergarten alter. Eine illustrierte Praxishilfe. Auer Verlag, Donauwörth, 2007

Schade, Ingrid, Kalligraphie. Gestalten mit Schrift. Falken-Verlag, Niedernhausen/TS, 1990

Schilling, Friedhelm, Spielen – Malen – Schreiben. Marburger Graphomotorische Übungen. verlag modernes lernen, Dortmund, 1990[9]

Zapf, Hermann, Kreatives Schreiben. Anleitung und Alphabete. Ein neuartiges Instruktionsbuch zum Erlernen künstlerischer Schrift. Hamburg, 1985

KAPITEL 5: SPEZIELLE HINWEISE FÜR DEN FACHUNTERRICHT

5.1 Das linkshändige Kind im Handarbeits- und Werkunterricht

Klaus, Hella, Häkeln. Schritt für Schritt für Rechts- und Linkshänder. Falken-Verlag, Niedernhausen/TS, 1983 (vergriffen)

Natter, Maria, Stricken. Falken-Verlag, Niedernhausen/TS, 1983 (vergriffen)

Oelwein-Schefczik, Sabine, Stricken. Schritt für Schritt für Rechts- und Linkshänder. Falken-Verlag, Niedernhausen/TS, 1984 (vergriffen)

Szócska, Sarah, Stricken leichtgemacht für Linkshänder. sinErgo, München, 1998

Wagner, Kira (Hrsg.), Grundschule. Stricken, Häkeln, Sticken. Schritt für Schritt für Rechts- und Linkshänder. Weltbild Verlag, Augsburg, 1995 (vergriffen)

Werner, Ute, Sticken. Schritt für Schritt für Rechts- und Linkshänder. Falken-Verlag, Niedernhausen/TS, 1983 (vergriffen)

5.3 Das linkshändige Kind im Turnunterricht und bei Bewegungsspielen

Fischer, Klaus, Rechts-Links-Problem in Sport und Training: Studien zur angewandten Lateralitätsforschung. Reihe Motorik, Band 6. Verlag Karl Hofmann, Schorndorf, 1988

Oberbeck, Heinz, Seitigkeitsphänomene und Seitigkeitstypologie im Sport. Schriftenreihe des Bundesinstituts für Sportwissenschaft, Band 68. Verlag Karl Hofmann, Schorndorf, 1989

KAPITEL 6: DAS UMGESCHULTE LINKSHÄNDIGE KIND PROBLEME UND CHANCEN DER RÜCKSCHULUNG AUF DIE LINKE HAND

Fischl, B., „Umgeschulte Linkshänder – Der Knacks im Gedächtnis". In: Münchener Medizinische Wochenschrift, Nr. 8/86, S. 28

Friedmann, F., „Manipulation der Hand – Massiver Eingriff im Gehirn ohne Blutvergießen". In: Ärzte-Zeitung, 5. 1. 1987, S. 28

Meyer, Rolf W., Linkshändig? Ein Ratgeber. Humboldt Verlag Nr. 669, München 1991, S. 71–80: „Der umgeschulte Linkshänder"

Rett, Andreas, Thaddäus Kohlmann, Günther Strauch, Linkshänder. Analyse einer Minderheit. Jugend und Volk Verlag, Wien, München, 1973, besonders S. 75–85

Sattler, Johanna Barbara, „Psychische Probleme durch Umschulung". In: Psychologie heute, Heft 10/1985, S. 8–10 und „Hilfe für Linkshänder", Heft 5/1987, S. 15–16

Sattler, J. B., „Umschulung der Händigkeit. Ein massiver Eingriff ins menschliche Gehirn". In: Lernen Fördern. Zeitschrift für Eltern, Lehrer und Erzieher, Heft 5, 10/1986, S. 10–11

Sattler, J. B., „Umgeschulte Linkshänder – Links vorbeitherapiert". In: Münchener Medizinische Wochenschrift, Nr. 4/1987, S. 16 und „‚Beidhänder' sind hirngeschädigt". Nr. 21/1993, S. 291/35–294/40. Dieser Artikel ist eine Zusammenfassung des Forschungsberichts vom 12. 12. 92 von derselben Autorin.

Sattler, J.B., „Linkshänder in der Arztpraxis". In: Bayerisches Ärzteblatt, Nr. 4/1991, S. 139

Sattler, J.B., Der umgeschulte Linkshänder oder Der Knoten im Gehirn. Auer Verlag, Donauwörth, 1995, 2008[10]

Sovak, M., Pädagogische Probleme der Lateralität. Verlag Volk und Gesundheit, Berlin, 1968

KAPITEL 7: LINKSHÄNDIGKEIT UND TEILLEISTUNGSSTÖRUNGEN

Astor-Schuster, Karin, „MCD und Teilleistungsstörungen bei Kindern". In: Öffentliches Gesundheitswesen, 51 (1989), Stuttgart, New York, S. 245–249

Dennison, Paul und Gail, EK für Kinder. Verlag für Angewandte Kinesiologie, Freiburg, 1990[5]

Halpern, Diana F., Stanley Coren, „Handedness and Life Span". In: The New England Journal of Medicine, Nr. 14, Volume 324, 4. April 1991, S. 998

Pauli, Sabine, Andrea Kisch, Was ist los mit meinem Kind? Bewegungsauffälligkeiten bei Kindern. Ravensburger Buchverlag Otto Maier, Ravensburg, 1992

Pauli, Sabine, Andrea Kisch, Geschickte Hände. Feinmotorische Übungen für Kinder in spielerischer Form. verlag modernes lernen, Dortmund, 1993

Sattler, Johanna Barbara, „Der Linkshänder. Ein irrationales Phänomen unserer Gesellschaft". In: Motorik. Zeitschrift für Motopädagogik und Mototherapie. Schorndorf, Nr. 3, September 1992, S. 148–156

ANHANG

Deglin, Wadim L., „Unsere zwei Gehirne". Vortrag Juni 1975 in Varna (Bulgarien), abgedruckt in: Unesco-Kurier, Nr. 1/1976, Bern, 1976, S. 4–32

Geschwind, Norman, „Specializations of the Human Brain". In: Scientific American. September 1979, Volume 241, Number 3, S. 158–168

Ornstein, Robert E., Die Psychologie des Bewusstseins. Fischer Taschenbuch Verlag, Frankfurt am Main, 1976[2], S. 73–74

Sattler, Johanna Barbara, „Erläuterungen zur Linkshändigkeit". In: Auer, Margot, Hartwig, Horst W. (Hrsg.), Lehrplankommentar für die Bayerische Grundschule. Didaktische Grundlagen und praktische Umsetzung. Band 1: Jahrgangsstufen 1 und 2. Auer Verlag, Donauwörth, 2001, S. 279–284

Smits, Rik, Alles mit der linken Hand. Geschick und Geschichte einer Begabung. Rowohlt, Berlin, 1994

Springer, Sally P., Georg Deutsch, Linkes rechtes Gehirn. Funktionelle Asymmetrien. Spektrum der Wissenschaft Verlag, Heidelberg, 1987

Witelson, Sandra F., „Neuroanatomical Asymmetry in Left-Handers: A Review and Implications for Functional Asymmetry." In: Neuropsychology of Left-Handedness, edited by Jeannine Herron. Academic Press, New York, London, 1980, S. 83–108

ADRESSENLISTE

Allgemeine Adressen:

Erste deutsche Beratungs- und Informationsstelle für Linkshänder und umgeschulte Linkshänder, Sendlinger Str. 17, 80331 München, Tel.: 0 89/26 86 14 www.lefthander-consulting.org

ISB – Staatsinstitut für Schulqualität und Bildungsforschung, Abt. GHF, Schellingstr. 155, 80797 München, Tel.: 0 89/21 70-26 74

Hersteller von Musikinstrumenten für Linkshänder

– Hohner Musikinstrumente GmbH, Andreas-Koch-Straße 9, 78647 Trossingen
  www.hohner.de, E-Mail: info@hohner.de
  Modifiziert Instrumente auf Anfrage.
– Moeck Musikinstrumente + Verlag Dr. Hermann Moeck e. K.
  Lückenweg 4, 29227 Celle
  www.moeck.com, E-Mail: info@moeck.com
– Conrad Mollenhauer GmbH, Weichselstraße 27, 36043 Fulda
  www.mollenhauer.com, E-Mail: info@mollenhauer.com
  Modifiziert Holzflöten auf Anfrage.
– Karl Höfner GmbH, Egerlandstraße 38, 91083 Baiersdorf-Hagenau
  www.hofner.com, E-Mail: hofner@hofner.com
  Viele Gitarren sind auch als Linkshand-Version erhältlich.
– Yamaha Music Central Europe GmbH, Siemensstraße 22–34, 25462 Rellingen
  www.yamaha-europe.com, E-Mail: info@yamaha.de
  Viele Instrumente sind auch als Linkshand-Version erhältlich.

Läden und Versand für Linkshänder-Gebrauchsgegenstände:

Baden-	– Firma Hainlin & Co. Königstr. 1, **70173 Stuttgart**
Württemberg	– Laden für Linkshänder, Brigitte Dekker, Schulstr. 2, **76571 Gaggenau**
	– ZAUBERKISTE, Sachen für Linkshänder, Wiebke Kaas, Aufkircher Str. 17, **88662 Überlingen**
Bayern	– Kaut-Bullinger & Co. Rosenstr. 8, **80331 München**
	– Linkshänder e.V., Postfach 90 07 26, **81507 München**
	– Computer-Service, Lothar Schuberth, Bogenberger Str. 7, **84048 Mainburg**

- sinErgo, Versand für Linkshänder, János Attila Szócska,
  Gramannstr. 2, **85540 Haar**
- Linkshänder-Shop, Hannelore Baust, Bohlenplatz 8, **91058 Erlangen**
- Linkshänderladen und Linkshänderversand Links 24, Sabine Pichler,
  Ringstr. 8a, **94081 Fürstenzell**

Berlin
- Linkshändler – Alles für Linkshänder, Reinald Petersen,
  Schmargendorfer Str. 34, **12159 Berlin**

Hessen
- Guckloch e. K., Material für Psychomotorik und Linkshänder,
  Schöne Aussicht 11, **35585 Wetzlar-Blasbach**
- Internetshop und Ladengeschäft, Erika Link,
  Goethestr. 15, **63263 Neu-Isenburg,**
- Lernmaterial & Linkshändigkeit, Kornelia Oetzel,
  Mathilde-Franziska-Anneke-Str. 16, **68519 Viernheim**

Niedersachsen
- SINISTRIUS, Der Versand für den Linkshänder, Postfach 1709,
  27737 Delmenhorst
- LAV – Linkshand-Artikel Vertrieb, Herstellung, Groß- u. Einzelhandel
  für Artikel für Linkshänder, Postfach 1208, **28785 Schwanewede**
- Links-Krams für Kinder & Co., Linkshänderbedarf, Jörg Dickmann,
  Am Feuerwehrhaus 10, **29223 Celle-Altenhagen**
- LAFÜLIKI, Laden für linkshändige Kinder und Versand, Jörg und
  Cerstin Bayer, Schöttlingerstr. 7a, **31698 Lindhorst**

Nordrhein-
Westfalen
- SML – Stark mit Links, Verkauf und Versand von Linkshandartikeln,
  Hedwig Stark, Zum Lenzenkamp 2, **41812 Erkelenz-Immerath**
- Mit LINX*, Handel für Linkshänder/Innen, W. Herchenhan,
  Wiemespfad 24, **47918 Tönisvorst**

Rheinland-Pfalz
- Linkshandversand, Sabine Hornung, Ottostr. 8, **67551 Worms**

Sachsen
- lila-Geschenke, Der Internetversand für Linkshänderartikel und
  besondere Geschenke, Silvio Pfundt, Friedensstr. 23, **01097 Dresden**

Sachsen-Anhalt
- Künstler- und Linkshänderbedarf, Frau Fischer,
  Steinweg 55, **06110 Halle**
- Linkshandprodukte im Fachgeschäft für Stahlwaren (nur Schneidinstru-
  mente), Klaus-Peter Lehmann, Gr. Kalandstr. 10, **06667 Weißenfels**
- LIVE, Linkshand- und Bedarfsartikel Versand, Dietlinde Stübner,
  Im Heidefeld 38, **39175 Wahlitz**

Schleswig-
Holstein
- left is right, Die Spezialisten für Linkshänder e. K., Marianne
  Schimmimg, Bahnhofstr. 8, **22926 Ahrensburg**

Thüringen
- activus e-shopping GmbH, Heiko Hilscher,
  Furthmühlgasse 2, **99084 Erfurt**
- Leonardo, Linkshänderberatung und Verkauf, Heike Schippel,
  Bertuchstr. 19, **99423 Weimar**

DÄNEMARK
- Left Hand Scandinavia Charlotte af Rosenborg,
  Christian-X-Allee 70, **DK-2800 Lyngby**

ENGLAND   – Anything Left-Handed Ltd, 18 Avenue Road, Belmont,
             Surrey SM2 6JD, England

ÖSTERREICH – Dar Zäodl, Schreibwaren-Büromaterial-Linkshändershop,
             E-Mail: hagen.erich@zaeodl.at, Erich Hagen,
             Maria-Theresien-Str. 19, **A-6890 Lustenau**

SCHWEIZ   – linkerhand, Brigitte Eichkorn, Schlettstadterstr. 34, **CH-4055 Basel**
           – iLinki, Brigitte Eigenmann, Hauptstr. 88, **CH-9434 Au**

SPANIEN   – Mano Zurda, , C/ San Andrés no 30; **E-28004 Madrid**

Stand: Mai 2007

Hersteller von Federn zum Kalligraphieren für Linkshänder:
   – rotring-werke Riepe KG, Kieler Straße 301–303, 22525 Hamburg
   – Osmiroid (Markenname), hergestellt von Berol Corporation, Berol Limited, Oldmedow Road, King's Lynn, Norfolk, England PE 30 4JR
   – Sheaffer INC., 301 Avenue H, Fort Madison, IA, USA 52627

Bezugsquellen für Händigkeitstests:

   – Hand-Dominanz-Test. H-D-T. 2. Auflage 1976. Von Hans-Joachim Steingrüber, Gustav A. Lienert. Verlag für Psychologie Dr. C. J. Hogrefe, Postfach 37 51, 37027 Göttingen
     Oder: Testzentrale des Berufsverbandes Deutscher Psychologen, Robert Bosch Breite 25, 37079 Göttingen

   – Punktiertest für Kinder (PTK). Leistungsdominanztest. Friedhelm Schilling. Noch nicht veröffentlicht. Auskunft bei Professor Dr. Friedhelm Schilling, Institut für Sportwissenschaft und Motologie, Universität Marburg

REGISTER

Leiterin des Redaktionskreises: Dorothea Krippner, Institutsrektorin, ISB München

Redaktionskreis:

- Christa Campe, Grundschullehrerin, Abensberg
- Dr. Ivo-Kurt Cizek, Dipl.-Psych., M. A. (Soz.), Beratungsstelle für Linkshänder und umgeschulte Linkshänder, München
- Renate Eggert-Vockerodt, Rektorin, Grundschule Landshut
- Arthur Englbrecht, Dipl.-Psych., Beratungsrektor, Staatliche Schulberatungsstelle, Regensburg
- Dr. Adam Kormann, Beratungsrektor, Staatliche Schulberatungsstelle, Landshut
- Cornelia Kühne-Helmessen, Schulpsychologin, Konzell
- Gerlinde Pfahler, Dipl.-Päd., Beratungsrektorin, Staatliche Schulberatung, Neuburg a. d. Donau
- Günther Stolla, Schulrat, Nürnberg
- Roland Storath, Dipl.-Psych., Beratungsrektor, Staatliche Schulberatung, Nürnberg

Textverarbeitung und Layout: Peter Huber, Institutsrektor, ISB München
Grafische Gestaltung: Gertraud Heiderscheid, ISB München
Fotos: Dr. Ivo-Kurt Cizek
Titelseite: Dr. Johanna Barbara Sattler
Das **Copyright** für die Fragebögen und die Referatsskizze liegt bei der Autorin.
Vervielfältigung ist mit Quellenangabe gestattet.

Weitere Titel dieser Autorin:

Johanna Barbara Sattler

Übungen für Linkshänder

Schreiben und Hantieren mit links
Mit Kopiervorlagen

144 S., kart.   Best.-Nr. **2778**

Viele Anregungen zur Entwicklung von Ideen für eigene Schwungübungen, um individuelle Schreibprobleme bei Linkshändern zu überwinden. Durch diese Übungen wird eine unverkrampfte, lockere Schreibhaltung der linken Hand erzielt. Die Unterrichtshilfe gibt vielseitige Tipps zur Benutzung von Gebrauchsgegenständen für Linkshänder im Bereich des Schneidens, Zeichnens und Werkens.

Johanna Barbara Sattler

Übungsheft für Linkshänder

Mit Kopiervorlagen

44 S., DIN A4, kart.   Best.-Nr. **2925**

Dieses hilfreiche Übungsheft wurde speziell für linkshändige Kinder entwickelt. Unter Anleitung von Eltern, Erzieher/-innen, Ergotherapeut/-innen und Lehrkräften führen diese Übungen das linkshändige Kind vorbereitend und begleitend zur unverkrampften Schreibhaltung.
Spaß und Freude an der Ausführung der Nachspurübungen stehen im Vordergrund. Ziel ist auch das Erlernen einer lockeren Körperhaltung als Vorbereitung für das Schreiben.

Bequem bestellen direkt bei uns unter
Tel.: 01 80/5 34 36 17, Fax: 09 06/7 31 78 oder
online: www.auer-verlag.de

Ⓐ Auer Verlag GmbH

Weitere Titel dieser Autorin: